승리하는 삶은 죄를 이기는 삶이다.
이는 때가 되면 저절로 얻어지는 것이 아니며
우리의 수고나 노력으로 얻어지는 것도 아니다.
죄를 정복하는 삶의 비결은
우리 안에 거하시는 그리스도의 생명에 있다.
즉 내주하시는 그리스도의 완전한 지배를 받을 때에야
우리는 비로소 우리 안에 있는 죄의 본성을 제거하고
거룩해질 수 있다.

주께 기꺼이 복종하라.
자아를 십자가에 못 박고 주의 부활의 생명에 동참하라.
우리에게 승리의 삶을 가져다 주는 것은
우리의 순종이나 믿음이 아니라 신실하신 분 곧 그리스도이시다.
우리의 삶을 전적으로 주의 손에 내어 맡기라.
주님은 결코 우리를 실망시키지 않으실 것이다.
우리에게 평안과 기쁨과 능력이 함께하는 기적과도 같은 삶,
진정으로 풍성한 삶을 누리게 하실 것이다.

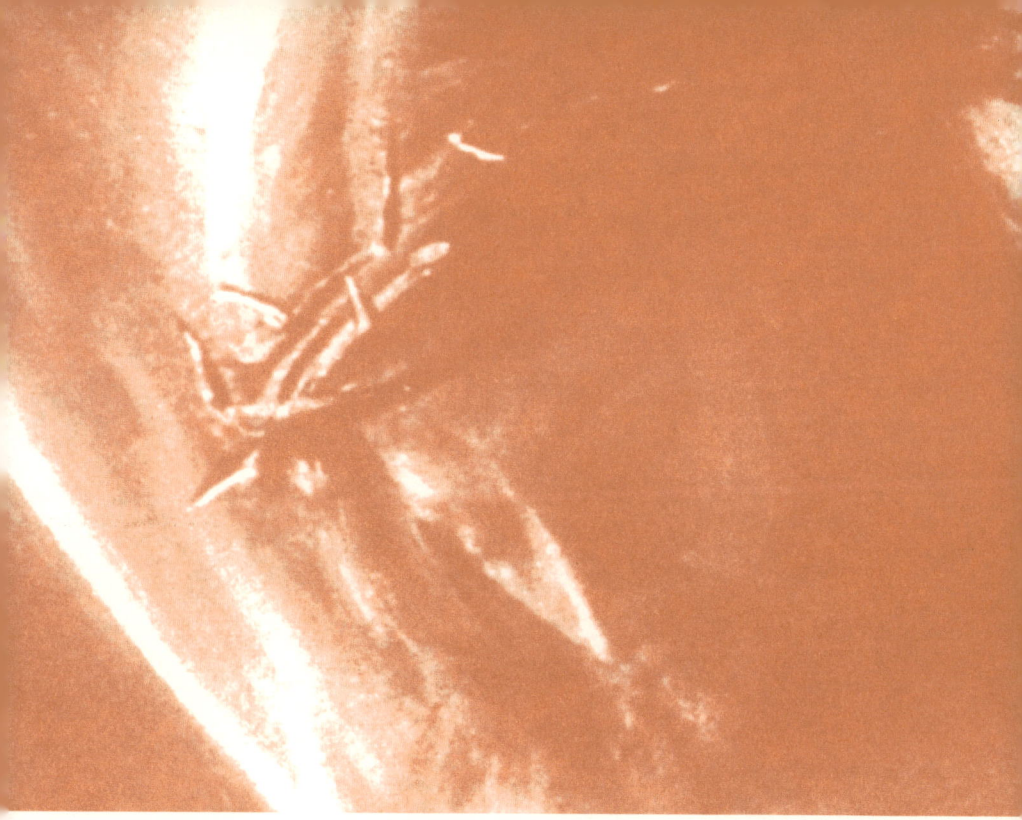

승리하는
그리스도인

무명의 그리스도인 지음 | 임금선 옮김

생명의말씀사

HOW TO LIVE THE VICTORIOUS LIFE
by An Unknown Christian

Korean Edition published by Word of Life Press, Seoul ⓒ 1994, 2008.
All rights reserved.
Printed in Korea.

승리하는 그리스도인

ⓒ 생명의말씀사 1994, 2008

1994년 10월 30일 1판 1쇄 발행
2001년 11월 25일　　9쇄 발행
2008년 9월 10일 2판 1쇄 발행

펴 낸 이	김창영
펴 낸 곳	생명의말씀사
등　　록	1962. 1. 10. No.300-1962-1
주　　소	110-101 서울 종로구 송월동 32-43
전　　화	(02)738-6555(본사), (02)3159-7979(영업부)
팩　　스	(02)739-3824(본사), 080-022-8585(영업부)
기획편집	태현주, 김정주
디 자 인	박소정, 염혜란, 전민정
제　　작	신기원, 오인선
마 케 팅	이지은, 선승희, 박혜은
영　　업	박재동, 김창덕, 김규태, 이성빈, 김덕현
인　　쇄	영진문원
제　　본	정문바인텍

ISBN 978-89-04-15785-3
ISBN 89-04-18041-4(세트)

저작권자의 허락 없이 이 책의 일부 또는 전체를
무단 복제, 전재, 발췌하면 저작권법에 의해 처벌을 받습니다.

승리하는 그리스도인

HOW TO LIVE THE VICTORIOUS LIFE

| 저자 소개 |

『무릎으로 사는 그리스도인』, 『승리하는 그리스도인』의 저자이자 『사랑이라는 말로는 부족합니다』의 편저자인 '무명의 그리스도인'은 도대체 누구일까?

오늘날 사람들은 자신을 나타내기 원하고 또 누구나 그렇게 해야만 한다고 믿고 있는 것 같다. 그러나 이 책의 저자는 자신의 이름을 밝히지 않았다. 왜 그랬을까? 이를 궁금하게 여기는 사람들이 많다.

『무릎으로 사는 그리스도인』은 1981년 우리말로 번역 출판되었다. 그러나 이 책이 입에서 입으로 전달되어 소위 베스트셀러 리스트에 오르기 시작한 것은 1990년대 초부터로 첫 출간으로부터 약 10년 정도의 세월이 걸렸다. 좋은 책은 독자가 안다는 말이 입증된 것이라고 할까.

어쩌면 저자는 자신의 글에 대한 평가를 온전히 하나님과 독자에게 맡겼다고 볼 수 있다. 그의 글을 읽어 보면 곳곳에서 정말 진지하게 하나님을 의뢰하면서 하나님의 영광을 구하는 모습을 발견할 수 있다. 그래서 자신의 이름을 구체적으로 밝히지 않고 '무명의 그리스도인' An Unknown Christian이라고 함으로써 독자가 아무 선입견 없이 글을 통해 하나님을 만나도록 한 것이 아닌가 하는 생각이 든다.

『무릎으로 사는 그리스도인』의 후속 작품을 찾아 1994년 미국의 여러 도서관과 헌책방을 뒤졌다. 그러다가 어느 유명한 신학대학원의 도서관에서 '무명의 그리스도인'이라는 이름 옆에 저자의 이름이 기록되어 있는 도서 카드를 발견했다. 그리고 뒤이어 저자의 이름이 나와 있는 책도 찾았다.

그의 책들을 발굴하여 '무명의 그리스도인' 시리즈로 10권의 책을 출판하면서 저자의 실명을 밝힐 것인가를 놓고 고민했다. 그러나 우리가 찾은 책들 가운데 한 권을 제외하고는 모두 다 '무명의 그리스도인'으로 표기되어 있었다. 나머지 한 권에도 그의 이름이 겨우 속표지에 소개되어 있을 뿐이었다. 그래서 저자는 실명을 드러내기를 원하지 않는다는 것으로 판단했다.

저서에 저자명을 어떻게 표기하는가 하는 문제는 전적으로 저자의 고유한 권한이다. 많은 사람들이 저자에 대해 궁금해 하지만, 본사는 이러한 저자의 인격권을 존중하는 차원에서 '무명의 그리스도인'으로 표기하기로 했다.

어쨌든 그의 책이 많은 사람에게 읽히고 감동을 주고 있으니 저자는 자신의 목적을 달성했다고 여길 것이다.

이름을 드러내지 않으려는 저자의 모습을 통해서 겸손함과 이름 없이 빛도 없이 하나님을 섬기는 자세를 물씬 느낄 수 있다. 저자의 이러한 삶의 태도가 고스란히 배어 있기에 그의 책들이 독자에게 한층 더 감동과 여운을 안겨 주는 듯하다. 거의 30년의 세월 동안 한결같이 베스트셀러로 자리 매김할 수 있었던 데에는 이러한 힘이 작용하지 않았나 생각된다.

| 저자 서문 |

　대부분의 사람들은 자신의 영적 체험에 대해 이야기하기를 꺼린다. 자기가 너무 드러날까봐 염려되기도 하고, 자신의 삶에 불신과 반마음의 헌신이 얼마나 많은가를 고백하기가 두렵기도 하기 때문이다.
　필자도 본인의 무가치함을 뼈저리게 느끼고 있다. 그렇지만 주님이 무한히 고귀하고 가치 있으심은 잘 알고 있다.
　이 깨달음은 아주 사소한 사건을 통해서 얻게 되었는데, 그 사실 자체가 놀랍기만 하다. 어쨌든 필자는 그 진리를 알게 되자마자 무엇으로도 억제할 수 없는 즐거움으로 충만해졌다.
　이 '승리의 삶'에 대해 이야기할 때마다 사람들은 어김없이 그것을 활자화해 주기를 원했다. 오랫동안 주저하기는 했지만, 필자는 그 요청에 부응해 그동안의 생각을 글로 쓰기로 결심했다.
　그 글들은 편집자의 호의를 입어 『믿음의 삶』이라는 칼럼으로 나가게 되었는데, 그것들을 거의 수정 없이 모은 것이 이 책이다. 이 책의 내용은 갈구하는 영혼이 '생명'에서 '더 풍성한 생명'으로 나아가는 길을 보여 주고 있다. 또 이 책은 승리하는 삶을 추구하는 영혼이 반드시 알아야 할 유익한 것들과 방해물들을 보여 주려고 애쓰고 있다.

필자는 네 사람의 삶으로부터 큰 도움을 입었다. 그러나 필자의 영적 생활에서 있어 가장 큰 영적 분기점은 큰 집회의 충만함 가운데 있을 때가 아니라 혼자 조용히 공부할 때에 닥쳐 왔다.

필자의 경험은, 진지하고 헌신적인 일꾼이지만 소위 사소한 죄들을 극복할 수 있는 능력을 갈망하는 수많은 그리스도인들의 경험과 같은 것이라고 생각한다.

필자를 포함하여 그리스도인들이 원하는 그 능력은 바로 예수 그리스도이시다. 그분은 우리에게 자신을 주셨다 요 1:12.

필자 본인의 흔적은 드러나지 않게 나지막이 물러나 있기를 간절히 바라며, 필자에게 이루 말할 수 없는 깨달음을 주었던 이 일들을 통해 많은 사람이 도움받기를 간절히 기도한다.

저자 소개 · 6
저자 서문 · 10

1. 승리하는 삶은 가능한가 · 17
   세상을 이기는 삶 | 사탄이 기뻐하는 삶

2. 작은 죄를 극복할 수 있을까 · 25
   승리가 우리에게 약속되어 있는가 | 이길 수 있는 능력 | 죄의 횡포 아래서 | 약속과 명령 | 주제넘은 생각

3. 하나님의 사랑은 언제든지 떨어지지 아니한다 · 37
   지금 여기서의 온전함 | 그리스도의 새 계명 | 완전한 사랑의 비밀

4. 어떻게 죄를 정복할 것인가 · 47
   더러운 옷 | 하나님이 하실 수 있는 일 | 일반적 방법 | 예수 그리스도는 승리하셨다 | 이론과 실제 | 점진적 승리

5. 그리스도를 본받는 것은 불가능하다 · 59

그리스도를 본받는 것 | 우리의 생명이신 그리스도 | 본받는 자에 대한 성경적 관점 | 우리 안의 그리스도 | 아는 것과 행하는 것

6. 어떻게 거룩한 생활을 시작할 것인가 · 71

하나님의 임재를 구함 | 하나님 앞에 서라 | 주님이 바라시는 것 | 우리 안에 거하시는 그리스도

7. 그리스도와 함께 장사되다 · 83

성령의 주요 사역 | 드러난 하나님의 비밀 | 그리스도를 영접할 때 | 그리스도와 합하여 세례를 받음 | 하나님이 주신 능력 | 자아가 죽을 때 | 성령 충만의 길

8. 그리스도께 모든 것을 드리라 · 97

주께 드린다는 것은 무슨 뜻인가 | 과거를 드리라 | 미래를 드리라 | 현재를 드리라 | 지금이 승리할 때다

9. 참 승리와 거짓 승리 · 111

완전한 신뢰에서 오는 기쁨 | 십자가를 지라 | 참 승리의 의미 | 기적이 일어날 때 | 그리스도의 사랑으로 | 사랑할 수 있도록 도와주는 것들 | 돌덩이가 천사로

10. 승리하는 삶은 선물이다 · 125

전적으로 주어지는 선물 | 말씀을 통한 영접 | 성화의 분기점과 과정 | 가장 흔한 실수 | 영생은 하나님의 선물 | 더 풍성한 삶, 하나님의 선물 | 애쓰지 말고 믿으라 | 자기 노력은 패배를 의미한다 | 목표를 향한 매진 | 본되신 우리 주 | 어떻게 승리를 얻을까 | 죄의 정복자 사랑

11. 죄 없이 완전한 사람은 없다 · 145

선물을 받는 방법 | 받아들일 준비 | 그리스도의 충만하심 | 유혹과 실패 | 죄 없이 완전하다는 것은 무슨 뜻인가 | 성향과 가능성 | 하나님의 손 안에 | 실패의 원인 | 죄인가 아니면 연약함인가

12. 승리하는 삶을 위협하는 요소들 · 161

자기 노력 | 유혹 | 실패했을 때 체념함 | 자만 | 불순종 | 실수하지 않는다고 장담함 | 세상을 도외시함 | 감정적 흥분 | 세상의 오해 | 내일로 미룸

13. 최고등 비평 · 185

허드슨 테일러의 고백 | 패배에서 승리로 | 성령의 능력 아래서 | 가장 보편적인 실수 | 명심해야 할 세 가지 사항 | 우리는 하나님의 말씀을 믿는가 | 위대한 경험

14. 이 세상에서 맛보는 천국의 삶 · 203

우리를 향한 하나님의 경계 | 그리스도의 죽음의 두 가지 측면 | 많은 그리스도인이 패배하는 경우 | 죄로부터의 구원 | 삶의 위기 | 광야에서 방황하다 | 광야에서의 삶은 무엇을 의미하는가 | 다른 사람들마저 못 들어가게 하다 | 기억해야 할 네 가지 사실 | 승리하는 삶

승리하는 삶이란 하나님의 평안과 기쁨과 능력이 함께하는 삶이다. 이러한 삶에 만족하지 않을 사람이 있겠는가? 과연 이보다 더 좋은 것이 있을까? 그리스도께서 이 삶을 주신다.

1
Is It Possible

승리하는 삶은 가능한가

승리하는 삶은 가능한가

승리하는 삶이란 하나님의 평안과 기쁨과 능력이 함께하는 삶이다.
이러한 삶에 만족하지 않을 사람이 있겠는가? 과연 이보다 더 좋은 것이 있을까?
그리스도께서 이 삶을 주신다.

승리하는 삶이 있을 수 있을까? 사도 요한은 하나님의 자녀들은 누구나 "세상을 이기느니라."고 분명히 말한다.

이것이 바로 승리이다. 그리고 그는 승리를 얻는 방법을 이야기한다. "세상을 이긴 이김은 이것이니 우리의 믿음이니라" 요일 5:4. 그러나 많은 사람이 세상을 이기지 못하고 포기하고 있지 않은가!

세상을 이기는 삶

세상을 이긴다는 말은 매우 모호하고 막연해 보인다. 게다가 우리의 믿음은 너무 작고 약하지 않은가? 어쩌면 우리는 승리를 얻기에 합당한 믿음을 애당초 지니고 있지 않은지도 모른다.

믿음에 대한 우리 대부분의 개념은 '믿음이란 존재하지 않는 것을 믿는 것이다.'고 한 어느 학생의 생각과 비슷하다. 그러나 우리가 분명히 알 수 있는 것은 대부분의 그리스도인들에게 승리하는 삶이란 날이 개면 흔적도 없이 사라지거나, 다가가면 도망가는 아름다운 아지랑이 같다는 것이다. 그러기에 우리는 천국에서나 승리하는 삶을 살게 되기를 고대한다.

하지만 사도 요한이 이야기하는 승리는 천국에서의 승리가 아니다. 왜냐하면 일단 천국에 이르면 믿음이 사라지기 때문이다.

그러므로 승리는 믿음을 통해 이 세상에서 경험해야 한다. 만일 내가 지금부터 이십오 년 전에 승리하는 삶의 방법을 알 수만 있었다면, 그 대가로 내가 가진 모든 것을 기꺼이 내놓았을 것이다. 오랫동안 성경을 연구하고 끊이지 않는 유혹과의 씨름을 거친 후에야 나는 문제 해결의 돌파구를 발견하였다. 사실 그것은 돌파구라기보다 하나의 문이었다. 새로운 길, 생명의 길로 들어가는 문 말이다.

나는 그 문으로 들어가기를 간절히 원했다. 이제 나는 그 승리의 길이 있다는 것을 분명히 안다. 그러면서 왜 이전엔 그 길을 모르고 헤맸는지 아쉬워한다. 그토록 갈망하던 길을 찾은 기쁨을 이제 말세에 살고 있는 여러분과 나누고자 한다. 아마 오늘날의 그리스도인들도 이미 얻은 생명과 아울러 '더 풍성한 삶'을 갈망할 것이다.

승리하는 삶! 이 얼마나 가슴이 벅찬 말인가! 어디선가 승리하는 삶에 대한 강의가 있다고 하면 사람들은 너도 나도 승리의 비밀을 알기 위해 떼지어 모여든다. 승리의 비밀을 알면 패배할 리 없다는 것을 잘 알기 때문이다.

영적 삶에서 섰다, 넘어졌다를 반복하는 변덕스러운 삶을 살면서 낙심을 경험하는 사람은 누구나 달려갈 것이다. 또한 그동안 주님을 배반한 부끄러운 행동으로 좌절하고 있는 사람들도 서둘러 나설 것이다.

승리는 평안을 안겨 준다. 그 평안은 모든 지각에 뛰어난 하나님의 평안이다. 또한 승리에는 기쁨이 따른다. 그것은 형용할 수 없는 하나님의 영광으로 말미암은 기쁨이다벧전 1:8. 승리는 능력을 준다. 이것은 바로 하나님의 능력이다.

결국 승리하는 삶이란 하나님의 평안과 기쁨과 능력이 함께하는 삶이다. 이러한 삶에 만족하지 않을 사람이 있겠는가? 과연 이보다 더 좋은 것이 있을까? 그러나 그리스도는 이런 삶을 주신다.

나는 승리하는 삶에 대해 성경이 말하는 것을 누구나 알아들을 수 있도록 쉽고도 분명하게 설명하고자 한다. 아마 여러분은 다음과 같은 질문을 하게 될 것이다.

어떻게 해야 승리하는 삶을 얻을 수 있고 또 그 삶을 지속할 수 있을까? 승리하는 삶에 따르는 어려움과 위험은 무엇인가? 승리하는 삶을 살다가 그것을 잃을 수도 있는가? 만일 그렇다면 그것을 되찾을 수 있는가?

우리는 무엇이 참 승리이고 무엇이 거짓 승리인지 이야기할 것이다. 또한 참 승리인지 아닌지 가려내는 법에 대해서도 이야기할 것이다.

사탄이 기뻐하는 삶

사탄은 무슨 수를 써서라도 당신의 마음을 어둡게 만들 것이다. 그는 빛으로 가지 못하도록 온갖 의심과 어려움을 안겨 줄 것이다. 왜 이러한 짓을 하는 걸까? 그것은 바로 당신이 승리를 얻지 못하게 하려는 일념 때문이다. 당신이 승리하는 삶을 살지 못하는 한, 사탄은 당신이 신앙생활을 하든지 무슨 노력을 하든지 상관하지 않는다.

당신이 세상적 쾌락을 탐하고 잡다한 죄에서 헤어나지 못하는 한, 그리스도를 위한 삶을 살려고 노력하면 할수록 사탄은 오히려 기뻐한다. 즉 세속적 삶을 떠나지 못한 그리스도인이 주님의 일을 하려고 분주한 것을 보고 사탄은 즐거워하는 것이다.

그러나 당신이 승리하는 삶에 대해 배우고 알게 되는 것에 대해서는 전전긍긍한다. 그래서 갖은 수를 다 써서 당신이 승리에 대해 올바로 아는 것을 방해한다. 사탄은 때때로 성경을 이용하여 방해 공작을 한다. 그의 성경 이용 능력-엉터리로 사용하는 능력-은 매우 뛰어나다.

이 한 가지를 분명히 믿기 바란다. 이 책의 내용과 모순되는 듯한 성경 구절이 떠오르거나 어려운 문제가 대두되면, 그것은 바로 이 일이 이루어지고 있는 것이다.

나는 오직 예수 그리스도 안에 있는 진리만을 이야기하려고 그 누구보다도 노력한다. 혹시 성경에 비추어 어긋난 것이나 경험과 다른 것이 있으면 지적해 주기 바란다.

승리의 삶을 산 위대한 그리스도인

아우구스티누스

아우구스티누스 Aurelius Augustinus 354-430

아우구스티누스는 기독교 역사상 큰 획을 그은 신앙 위인이자 초기 기독교의 가장 위대한 사상가이지만, 그 역시도 진정한 의미의 세례를 받기까지 오랜 동안 종교적, 철학적 순례를 거쳐야만 했다.

일찍이 보이기 시작한 탁월한 지적 재능을 출세의 발판으로 삼고자 했던 그는 도시로 들어가 최고의 교육을 받았고 수사학과 언변에 있어 능통한 경지에 이르렀다. 그러나 동시에 이교 문화에 젖어들면서 이전의 순진한 삶과 사고 방식을 잃고 타락의 늪에 빠져들어 갔다. 육신의 쾌락을 탐닉하던 그는 사생아까지 낳았으며, 유물론적 이원론인 마니교에 심취해 10년이 넘도록 그 구렁텅이에서 나올 줄을 몰랐다.

그러나 어머니 모니카(Monica)의 기도에 힘입어 당대 가장 뛰어난 기독교 성직자였던 암브로시우스(Ambrosius)의 설교를 듣고 감화를 받으면서 변화하기 시작했다. 암브로시우스의 설교는 교회의 가르침에 대한 아우구스티누스의 편견을 흔들어 놓기에 충분하였다. 또한 암브로시우스의 금욕에의 권면은 아우구스티누스에게 그 동안의 정욕적 생활에 대해 양심의 가책을 느끼도록 했다. 이러한 일련의 이끄심은 밀라노의 한 정원, 무화과나무 아래서 이루어진 극적인 회심으로 이어졌다.

무화과나무 아래서의 회심

나는 여전히 죄의 노예라고 생각했기 때문에 비참함 가운데 계속 부르짖었습니다. 고통스런 슬픔으로 줄곧 울 수밖에 없었습니다. 그때 갑자기 어린아이의 노랫소리 같은 가락이 들려왔습니다. "들고 읽어라. 들고 읽어라." 홍수처럼 흐르는 눈물을 참고 있던 나는 그것이 성경을 펼쳐 읽으라는 하나님의 명령이라고 생각했습니다. 그래서 성경을 펴고 시선이 닿는 첫 구절을 읽었습니다. "낮에와 같이 단정히 행하고 방탕과 술 취하지 말며 음란과 호색하지 말며 쟁투와 시기하지 말고 오직 주 예수 그리스도로 옷 입고 정욕을 위하여 육신의 일을 도모하지 말라"(롬 13:13-14). 더는 읽을 필요가 없었습니다. 말씀이 눈 깜짝할 사이에 마음속에 넘쳐 들어와 모든 의심을 사라지게 만들었기 때문입니다.

아우구스티누스가 그리스도를 구주로 영접하고 곡절 많은 방황을 끝낸 것은 33세 때였다. 하나님은 결국 그로 하여금 기독교사에 길이 남을 신학자요 종교 지도자가 되게 하셨다.

그는 본래 약한 사람이었고 그래서 여러 번 넘어져 보았기에 은혜로 강해지는 것이 어떤 것인가를 더욱 통감한 이였다. 그는 그 깨달음 때문에 야심과 정욕으로 얼룩졌던 자신의 삶을 순간순간 연단시켜 하나님의 복음을 확장하고 수호하는 데 헌신할 수 있었다. 자신의 무릎을 쳐서 주님께 복종하는 삶이야말로 하나님의 섭리와 경륜을 통한 전적인 은혜의 길을 가는 것임을 깨달은 그는 진정 승리하는 그리스도인이었다.

아우구스티누스와 어머니, 모니카

완전함, 거룩함, 순결함, 능력 등을 통해 우리는 승리하는 삶을 살 수 있다.
하나님은 불가능한 일을 명하시거나, 우리에게 주실 수 없는 것을 주겠다고 약속하심으로써
우리를 놀리시지 않는다.

2

Can Little Sins Be Conquered

작은 죄를
극복할 수 있을까

작은 죄를 극복할 수 있을까

완전함, 거룩함, 순결함, 능력 등을 통해 우리는 승리하는 삶을 살 수 있다.
하나님은 불가능한 일을 명하시거나, 우리에게 주실 수 없는 것을 주겠다고 약속하심으로써
우리를 놀리시지 않는다.

승리하는 삶은 죄를 이기는 삶이다.

죄를 이기는 삶이 가능할까? 이것은 죄가 없으신 그리스도나 타락하기 이전의 아담과 같아질 수 있느냐 하는 문제가 아니다. "만일 우리가 죄 없다 하면 스스로 속이고 또 진리가 우리 속에 있지 아니할 것이요"라는 사도 요한의 선언은 변함없이 남아 있을 것이다.

승리가 우리에게 약속되어 있는가

우리가 직면하는 문제는 알고 짓는 죄, 즉 자범죄를 정복할 수 있는가 라는 것이다.

성경은 죄를 이길 수 있다는 가능성을 제시하고 있는가? 오늘날 과연 죄를 이기고 승리하는 삶을 사는 사람이 있을까? 있다면 그들은 누

구인가? 예수 그리스도 안에 거하는 그리스도인이면 누구나 알고 짓는 모든 죄를 이겨낼 수 있을까? 아니면 이는 영적 지도자들에게나 가능한 일인가?

우리는 종종 이와 같은 질문을 던진다. 우리는 모두 승리하는 삶을 원하기 때문이다.

성공회에서는 "오 주님, 오늘도 죄를 짓지 않도록 도와주십시오.", "오늘도 죄에 빠지지 않도록 해주십시오."라는 기도문을 가르친다. 주님도 제자들에게 "다만 악에서 구하옵소서."라는 기도를 하도록 가르치셨다. 주일학교용 교리문답 책에도 "저희를 모든 죄와 악에서 지켜 주옵소서."라는 기도문이 있다.

그리스도 또는 그리스도를 섬기는 각 교회에서, 우리가 결코 행할 수 없는 것을 가르쳤다는 말인가? 결코 그렇지는 않을 것이다.

따라서 이러한 가르침들이 허황된 것이 아니라면 승리하는 삶은 가능하다.

이길 수 있는 능력

우리의 삶을 살펴보자. 결코 극복할 수 없는 죄가 있을까?

술고래였다가 어느 순간 술을 끊고 그리스도께 돌아온 사람들을 본 적이 있을 것이다. 그는 완전히 승리하여 다시는 술을 마시지 않게 되었을 뿐만 아니라 술을 마시고 싶은 생각조차 없어졌다는 말을 한다. 그들에게 이러한 변화는 기적과 같다. 하나님은 그 어떠한 죄도 이길 수 있는 능력을 우리에게 주셨다.

그처럼 깊이 뿌리박혀 이기기 힘든 죄를 이길 수 있다면, 우리 주변의 작은 죄는 주의 도움으로 얼마든지 이길 수 있지 않겠는가? 물론 그리스도인 가운데 술꾼이거나 극도로 부도덕하고 악한 사람은 별로 없다.

그러나 그리스도를 믿지 않는 세상 사람들 가운데에도 도덕적으로나 행실 면에서 그리스도인 못지않게 선한 사람이 많다.

그렇다면 무엇으로 그리스도인과 비그리스도인을 구별할 수 있을까? 그래서 비그리스도인은 "그리스도인이 되는 것이 무슨 유익이 있지요?"라고 묻게 된다.

이에 대해 그리스도인들은 어떻게 대답할 것인가? 그들이 그리스도인이 됨으로써 얻는 것은 무엇인가? 또 그들이 그리스도인이 됨으로써 다른 사람들에게 어떠한 유익을 끼치는가?

죄의 횡포 아래서

그리스도인이라고 자칭하는 많은 사람이 과연 승리하는 삶을 사는지 알 수 있는 표시가 있을까? 번창 일로에 있는 교회의 교인들 가운데 과연 몇 명이나 영혼을 향한 불타는 사랑과 그리스도를 위한 뜨거운 열정을 지니고 있을까? 질문만 해볼 따름이다.

그렇다면 누구나 짓는 죄, 이를테면 못된 성미, 성급함, 자존심, 질투, 비방, 증오, 사랑에 인색함 등을 정복할 수 있을까?

과연 이러한 작은 죄를 극복할 수 있는지 겸허한 마음으로 대답해 보자. 이러한 죄를 이기고 승리하는 삶을 얻을 수 있을까? 즉 작은 죄는 물론 큰 죄도 포함하여 모든 죄를 항상 이기고 깨어 있는 가운데 하나님과 지속적인 교제를 하는 삶이 가능할까?

이 질문에 대한 해답이 있을 수 있다면, 그것은 분명히 하나님의 말씀 가운데서 찾을 수 있을 것이다.

과연 알고 짓는 죄는 정복될 수 있을까?

이것은 매우 중요한 질문이다. 한 시간 또는 하루 정도는 죄를 짓지 않을 수도 있다. 그렇다면 그 상태를 내내 지속시킬 수는 없는 것일까? 여러분이 이 글을 읽으면서 많은 의문점을 제기할지는 모르지만 일단 제쳐 두기로 하자.

모든 선입견과 편견을 버리고 함께 이 문제에 대해 생각해 보자. 죄를 짓지 않으려고 애썼으나 실패했던 경험은 잊어버리라. 다른 사람의 잘못도 잊어버리라. 성결에 관한 모든 이론도 잊기 바란다. 오직 기록된 하나님의 말씀만을 이야기하도록 하자. 이것은 결코 터무니없는 요구가 아닙니다.

약속과 명령

신약성경에서 강조하고 있는 것은 무엇인가? 죄의 형벌에서 구원을 얻는 방법보다 그리스도를 구세주로 발견한 이후의 삶에 대해 더 많은 것을 이야기하고 있다.

그리스도가 탄생하기 전, 천사는 이렇게 말했다.

"아들을 낳으리니 이름을 예수라 하라 이는 그가 자기 백성을 저희 죄에서 구원할 자이심이라" 마 1:21.

그리스도는 공생애 초기에 제자들에게 이렇게 말씀하셨다.

"그러므로 하늘에 계신 너희 아버지의 온전하심과 같이 너희도 온전하라" 마 5:48.

이 말씀에는 심오한 뜻이 담겨 있다. 그리스도는 우리에게 결코 불가능한 일을 명하시지 않았다. 그리스도는 우리에게 일종의 온전함을 요구하셨는데 이는 하나님의 온전함과 같은 것이다.

하나님과 같이 온전하라는 명령은 도무지 이해할 수 없을 뿐 아니라 언뜻 보기에는 불가능한 것처럼 여겨진다. 그러나 이것은 명령이다.

성령의 감동을 받은 베드로도 이와 비슷한 말을 하였다.

"오직 너희를 부르신 거룩한 자처럼 너희도 모든 행실에 거룩한 자가 되라 기록하였으되 내가 거룩하니 너희도 거룩할지어다 하셨느니라" 벧전 1:15.

베드로가 말한 거룩함은 곧 예수 그리스도의 거룩함이다.
히브리서에는 거룩의 중요성을 이렇게 말하고 있다.

"모든 사람으로 더불어 화평함과 거룩함을 좇으라 이것이 없이는 아무도 주를 보지 못하리라" 히 12:14.

요한은 첫 번째 서신을 쓴 이유가 "죄를 범치 않게" 요일 2:1 하기 위해서라고 분명히 말했다.

주제넘은 생각

예수 그리스도와 성령의 명령을 수행할 수 있을지 의심하는 것은 주제넘은 생각이다. 주 예수를 따르는 신실한 그리스도인이라면 위의 성경 구절이 의미하는 바를 이해하려고 노력해야 한다.

당신은 예수 그리스도의 재림을 고대하고 있는가? 그리스도가 다시 오시기를 바라는가? 1900여 년 전, 요한은 이렇게 말했다.

"주를 향하여 이 소망을 가진 자마다 그의 깨끗하심과 같이 자기를 깨끗하게 하느니라" 요일 3:3.

요한은 그리스도인들이 그리스도와 같이 정결케 되기를 바라고 원했던 것이다.

"하나님께로서 난 자마다 죄를 짓지 아니하나니······ 저도 범죄치 못하는 것은" 요일 3:9.

이에 대해 바울은 다음과 같이 말했다.

"이와 같이 너희도 너희 자신을 죄에 대하여는 죽은 자요······ 죄가 너희를 주관치 못하리니······" 롬 6:11, 14.

그리고 죄가 우리를 주관하지 못하게 하기 위해서 "모든 것 위에 믿음의 방패를 가지고 이로써 능히 악한 자의 모든 화전을 소멸하고" 엡 6:16라고 말하였다.

죄를 짓지 않는다는 것은 생각만 해도 우리의 마음이 뜨겁게 달아오르지 않는가?

이들 성경 구절에 대한 우리의 생각이 어떠하든지, 죄에 대한 선입견이 어떠하든지, 과거에 어떠한 실수를 했든지, 죄를 짓지 않는다는 것은 불가능하다고 생각하든지 상관없이 다음 사실들을 부인할 수는 없다.

성경, 즉 하나님의 말씀은
첫째, 하나님의 완전하심 같은 완전을 명령하고 있다.
둘째, 하나님의 거룩하심 같은 거룩을 명한다.
셋째, 예수 그리스도의 순결하심 같은 순결을 권고한다.
넷째, 악한 자의 모든 공격을 막아낼 수 있다는 가능성을 제시한다.

그러한 완전함, 거룩함, 순결함, 능력 등을 통해 우리는 승리하는 삶을 살 수 있다.

아직도 의문이 더 남아 있는가? 하나님은 불가능한 일을 명하시거나, 우리에게 주실 수 없는 것을 주겠다고 약속하심으로써 우리를 놀리시지 않는다.

그러므로 우리가 걱정해야 할 것은 '내가 승리하는 삶을 살 수 있을까?'가 아니다(우리 모두 이 질문의 답을 알고 있다). 우리의 관심사는 '예수 그리스도가 나를 거룩하게 만드시고, 거룩함을 유지하게 하시며, 승리할 수 있게 하실까?'가 되어야 한다.

그가 이 모든 일을 할 수 있다면 우리가 승리하는 삶을 사는 것은 당연한 일이 아니겠는가? 그러면 바울처럼 기쁨에 넘쳐 겸손한 마음으로 다음과 같이 하나님을 찬양하게 될 것이다.

"우리 주 예수 그리스도로 말미암아 우리에게 이김을 주시는 하나님께 감사하노니" 고전 15:57.

승리의 삶을 산 위대한 그리스도인

유스티누스

유스티누스(저스틴 마터) Justin Martyr 100경-165

초대 교회의 철학자이자 변증론자인 유스티누스는 평생 진리를 향한 구도의 삶을 산 인물이다. 그는 어릴 때부터 고전을 탐독하고 그리스 석학들의 철학을 연구하였지만, 참된 진리를 찾는 데는 실패만을 반복했다. 그러던 어느 날 에베소의 바닷가에서 만난 한 노인으로부터 철학은 근본적인 취약성을 갖고 있으며 그것으로는 결코 마음속의 갈망을 채울 수 없다는 가르침을 받게 되었다. 그렇다면 누구를 믿고 의지해야 하느냐는 물음에 노인은 이렇게 답변했다.

철학자가 나타나기 훨씬 전에 선지자라고 불리는 하나님의 영감을 받은 자들이 있었습니다. 장래를 예언하고 모든 일의 시종을 일러주던 이들은 이 세상을 만드시고 아들이신 예수 그리스도를 세상에 보내신 하나님에 대해 되풀이하여 가르쳤습니다. 모든 것 위에 계신 그분께 생명의 문을 열어 달라고 기도하십시오. 그분이 허락하지 않으시면 어느 누구도 진리를 깨달을 수 없습니다.

노인이 떠난 후 벅찬 깨달음과 감격에 빠진 유스티누스는 그리스도인으로 개종하고 이후로 기독교 신앙에 헌신했을 뿐 아니라 이를 옹호하며 널리 전파하는 데 힘을 다하였다.

탁월한 변증가였던 그는 견유학파 사람과 논쟁을 벌이다가 당시

유스티누스가 머물며 저작 활동을 한 에베소의 유적

로마의 집정관이었던 유니우스 루스티쿠스(Junius Rusticus)에게 고발을 당했고 다른 6명의 동료와 함께 체포되었다. 그는 결국 이방 신전에 희생물을 바치라는 요구를 거절한 후 혹독한 고문을 당하고 참수형을 받았다. 순교하기 전에 그가 루스티쿠스와 나눈 대화 중 일부를 옮기면 이러하다.

루스티쿠스　네가 고백하는 문학과 원리는 도대체 무엇이냐?
유스티누스　저는 모든 것을 배웠습니다. 그리고 마지막으로 기독교의 원리를 알았습니다. 거짓되고 어리석은 견해를 고수하는 자는 이를 제대로 볼 수 없습니다.
루스티쿠스　네가 믿는 것이 옳다고 확신하느냐? 그 때문에 고통을 받을 텐데도?
유스티누스　그렇습니다. 예수 그리스도의 가르침을 따르는 자는 위로부터 보상을 받을 것입니다.
루스티쿠스　너는 지금 하늘로부터 보상을 받는다고 상상하고 있느냐?
유스티누스　상상이 아닙니다. 그것은 사실이며 실제로 일어날 일입니다.

유스티누스는 고달픈 여정에도 불구하고 진리에 대한 치열한 탐구를 그치지 않은 철학자이자 늦게나마 깨달은 참 진리를 위해 목숨을 아까워하지 않은 거룩한 순교자였다. 위대한 교부의 반열에 선 그가 죽음의 위협에도 굽히지 않고 승리를 거둘 수 있었던 것은 깨달음을 얻은 이후 전적으로 자신의 모든 것을 주님께 헌신할 수 있었기 때문이었다.

참수형당하는 유스티누스

완전한 사랑은 분명히 가능하다.
단 예수 그리스도, 곧 사랑이신 하나님이 우리 안에 거해야 한다.

3
God's Love Never Faileth

하나님의 사랑은
언제든지 떨어지지
아니한다

하나님의 사랑은 언제든지 떨어지지 아니한다

완전한 사랑은 분명히 가능하다.
단 예수 그리스도, 곧 사랑이신 하나님이 우리 안에 거해야 한다.

승리하는 삶이란 무엇일까? 그것은 거룩한 삶 또는 바울이 서신서에서 매우 자주 언급했던 온전한 삶이다.

무엇보다 우리가 먼저 해야 할 것은 신약성경에 나타난 하나님의 명령과 약속을 찾아내는 일이다. 분명한 두 가지 사항, 즉 거룩과 온전에 대해서는 이미 언급하였다. 그렇다면 거룩과 온전의 구체적 의미는 무엇일까? 또한 '거룩'과 '온전'은 서로 동일한 의미를 지니고 있는가?

진정으로 헌신했으나 승리하는 삶을 살지 못하는 그리스도인이 거룩이란 말에는 친밀함을 보이면서도 온전이라는 말에 대해서는 소스라치게 놀라는 것은 예사로운 일이 아니다. 사실 온전이라는 단어만큼 그리스도인의 입에 자주 오르내리는 것은 없다. 온전한 삶이 의미하는 바가 무엇이든 간에 그것이 주의 명령이라는 것은 알기 때문이다.

지금 여기서의 온전함

"온전함이란 우리가 영원토록 추구하지만 결코 실현할 수 없는 일종의 이상이다."라고 어느 신학교수는 말하였다. 그러나 그리스도는 현재의 삶에서 온전하라고 명하신다. 우리가 진정 신실하기를 원한다면 그리스도가 말씀하신 온전한 삶의 의미를 찾기 위해 애써야 한다. "그러므로 너희도 온전하라"고 그리스도는 말씀하셨다.

"이것은 우리를 당혹하게 하는 명령이다. 그러나 주님이 '하늘에 계신 너희 아버지의 온전하심과 같이'라고 덧붙이셨을 때 우리는 당혹하다 못해 기절초풍할 지경까지 이르게 되어 결과적으로 그 말씀에 순종할 엄두도 못 낸다."고 어느 설교가는 말하였다. 그러나 덧붙여진 말씀, 즉 "하늘에 계신 너희 아버지의 온전하심과 같이"라는 구절이 문제 해결의 열쇠이다. 왜냐하면 이 말씀을 기준으로 온전함에 대한 모든 그릇된 사고를 제거할 수 있기 때문이다.

하늘에 계신 아버지는 어느 정도나 '완전' 하신가? 물론 모든 일에 완전하시다. 그러나 그분은 하나님이시고 우리는 인간이다. 그리스도는 우리에게 하나님과 똑같이 완전하라고 명하신 것이 아니다.

하나님은 죄가 하나도 없으시며, 전능하시고, 영광과 능력과 지혜에 있어 모두 완전한 분이시다. 인간은 결코 하나님처럼 완전할 수 없다. 그렇다면 우리에게 요구되는 완전함은 어떠한 것일까?

"그러므로 너희도 온전하라"는 말씀에서 '그러므로'라는 단어는 바로 앞의 문장을 이어 주는 연결어이다. 바로 앞의 문장이란 어떠한 것인가? 그것은 말할 것도 없이 사랑으로 충만하라는 말씀이다. 하나님을 믿지 않는 사람들도 자기 친구들은 사랑한다. 따라서 하나님을 믿는 사람들은 원수도 친구처럼 사랑해야 한다는 말씀이다. 결국 그리스도가 우리에게 명령하신 것은 완전한 사랑인 셈이다.

그리스도의 새 계명

주님은 이 세상에서의 삶을 마치실 무렵 이렇게 말씀하셨다. "새 계명을 너희에게 주노니 서로 사랑하라 내가 너희를 사랑한 것같이 너희도 서로 사랑하라 너희가 서로 사랑하면 이로써 모든 사람이 너희가 내 제자인 줄 알리라"요 13:34-35. 이 말씀엔 우리가 추구해야 할 완전한 삶의 기준과 명령이 담겨 있다.

내가 너희를 사랑한 것같이—이것이 바로 기준이다. 이것이 완전한 사랑의 기준이다. 그리고 우리에게 주어진 명령이다. 사도 바울은 사랑이 우리로 하나님께 순종할 수 있게 하는 유일한 것임을 상기시킨다. "사랑은 율법의 완성이니라"롬 13:10.

이 말씀이 의미하는 바는 불완전한 인간도 '완전한 사랑'을 할 수 있다는 것인가? 이것은 이 주제에 관해 이야기할 때 제일 먼저 언급되는 말이다. 그렇지만 분명히 이 문제에 접근하는 방법이 그렇게 되어서는 안 된다. 이것은 복되신 주님의 명령이다. 그리스도가 명령하신 것의 가능성에 대해 조금이라도 의심하는 것은 내가 할 일이 아니다. 그러나 우리는 여전히 옛 구도자처럼 "어떻게 이런 일들이 있을 수 있을까?"라고 외치고 싶지 않은가? 완전한 사랑이라는 것이 과연 존재할까?

물론 존재한다. 바로 하나님의 사랑이 완전한 사랑이다. 인간의 사랑은 불완전하고 앞으로도 늘 불완전할 것이다. 그러나 성경은 "하나님의 사랑이 우리 마음에 부은 바 됨이니"롬 5:5라고 말하지 않는가? 이것이 바로 예수 그리스도가 우리에게 하나님을 나타내신 이유라고 말한다면 당신은 믿겠는가? 당연히 믿어야 한다. 말씀을 통해 증명해 보이겠다.

"내가 아버지의 이름을 저희에게 알게 하였고 또 알게 하리니 이는 나를 사랑하신 사랑이 저희 안에 있고 나도 저희 안에 있게 하려 함이니이다" 요 17:26.

완전한 사랑의 비밀

이제 완전한 사랑의 비밀에 대해 알아보자. 완전한 사랑은 분명히 가능하다. 단 예수 그리스도, 곧 사랑이신 하나님이 우리 안에 거해야 한다. 오래전 사랑의 사도 요한은 이렇게 말했다.

"만일 우리가 서로 사랑하면 하나님이 우리 안에 거하시고 그의 사랑이 우리 안에 온전히 이루느니라" 요일 4:12.

"하나님이 우리를 사랑하시는 사랑을 우리가 알고 믿었노니 하나님은 사랑이시라 사랑 안에 거하는 자는 하나님 안에 거하고 하나님도 그 안에 거하시느니라 이로써 사랑이 우리에게 온전히 이룬 것은" 요일 4:16-17.

오늘날도 사도 요한의 시대와 마찬가지로 우리가 완전한 사랑을 원하기만 한다면, 하나님의 사랑으로 채우시는 예수 그리스도-그리스도는 곧 사랑이시다-를 영접함으로써 얻을 수 있다. 그 다음에야 그리스도의 사랑과 그리스도인의 사랑을 동일시한 요한의 의미 심장한 말을 이해하게 된다. "주의 어떠하심과 같이 우리도 세사에서 그러하니라" 요일 4:17.

사도 바울은 승리에 차 담대히 외치지 않았던가? "누가 우리를 그리스도의 사랑에서 끊으리요." 롬 8:35. 또한 에베소 교인들을 위해 승리에 찬 믿음으로 다음과 같은 기도를 하였다.

> "믿음으로 말미암아 그리스도께서 너희 마음에 계시게 하옵시고 너희가 사랑 가운데서 뿌리가 박히고 터가 굳어져서 능히 모든 성도와 함께 지식에 넘치는 그리스도의 사랑을 알아 그 넓이와 길이와 높이와 깊이가 어떠함을 깨달아 하나님의 모든 충만하신 것으로 너희에게 충만하게 하시기를 구하노라" 엡 3:17-19.

이제 의심을 떨쳐 버리고 기쁜 소망을 가지게 되면 "어떻게 이런 일들이 행해질 수 있을까?"라고 의심하는 사람들에게 대답할 수 있을 것이다. 정말 사랑만으로 충분할까? 실로 사랑은 내 삶에서 죄를 몰아낼 수 있을까? '완전한 사랑'이란 '거룩함'을 뜻하는가?

이에 대한 답을 고린도전서 13장의 놀라운 말씀에서 찾을 수 있다. 하나님의 사랑이 우리 안에서 역사하심을 확인할 수 있는 것이다.

"사랑은 오래 참고" 참지 못하는 모든 기질을 몰아낸다.
"사랑은 온유하며" 불친절한 것을 용납하지 못한다.
"투기하는 자가 되지 아니하며" 시기하는 마음이 모두 사라진다.
"사랑은 자랑하지 아니하며" 자만심과 허풍이 사라진다.
"교만하지 아니하며" 마음속에 교만이 자리잡지 못한다.

"무례히 행치 아니하며" 남에게 해를 입히는 행동이 사라진다.
"자기의 유익을 구치 아니하며" 자아가 죽고 이기심을 버리게 된다.
"성내지 아니하며" 노여움과 분노가 보이지 않게 된다.
"악한 것을 생각지 아니하며" 소위 악한 행위로 일컬어지는 것들을 머리에 떠올리지 않는다. 마음속에서 악과 무자비함이 사라진다.
"모든 것을 참으며" 불평을 하지 않게 된다.
"모든 것을 믿으며" 불신으로 인해 관계가 깨지는 일이 없어진다.
"모든 것을 바라며" 절망, 염려, 낙담이 사라진다.
"사랑은 언제까지든지 떨어지지 아니한다."

또한 바울은 "온전한 것이 올 때에는……"라는 말을 덧붙였다. 바울이 말한 '온전한 것'이란 무엇일까? 그것은 바로 우리 마음에 부은 바 된 하나님의 사랑이다.

만일 완전한 사랑이 우리가 온갖 죄를 범하는 것을 그치게 하고 우리를 충만케 한다면 감사와 기쁨으로 "내게 사는 것이 그리스도이며 그리스도는 곧 사랑이라."고 외치게 될 것이다. 우리가 지금까지 이러한 고백을 하지 못했다면 이제부터라도 이 귀한 보배를 간직할 방법을 찾도록 해야 할 것이다.

어떻게 우리는 이 완전한 사랑을 얻고 또 간직할 수 있을까?

How to Live the Victorious Life

승리의 삶을 산
위대한 그리스도인

존 뉴턴

존 뉴턴 John Newton 1725-1807

찬송가 『나 같은 죄인 살리신』의 작사자로 잘 알려져 있는 존 뉴턴은 진정한 회심과 승리의 삶이 어떠한 것인가를 인생 전체를 통하여 보여 준 인물이다. 성경에 관한 해박한 지식과 30여 년에 걸친 신실한 목회로 많은 이에게 감화를 끼친 그는 한때 저주와 모독의 언사만을 일삼던 악독한 노예 상인이었다.

그는 11세 무렵부터 뱃사람이었던 아버지를 따라 선원 생활을 하면서 폭력과 강압이 제일 법칙이라는 인생관을 갖게 되었다. 그가 선상에서 보고 배운 것이라고는 술과 도박과 폭언과 폭행뿐이라 해도 과언이 아니었다. 때때로 자신의 잘못을 뉘우치고 절제의 시간을 갖기도 했지만, 마음속까지 젖어든 타락한 삶에서 그는 쉽게 빠져 나오지 못하였다.

그 자신이 아프리카 노예 상선에서 고통스러운 노예 생활을 해본 적이 있음에도 불구하고 그는 노예선의 선장이 되어 노예를 사고파는 일을 하였다. 이교도보다 더 불경했던 그는 끔찍한 욕설을 내뱉고 술에 절어들어 갔으며 타인에 대해서도 잔인하고 포악한 행동을 서슴지 않았다. 노예는 물론 선원이라 해도 병들거나 거슬리면 즉시 바다에 던져 고기밥이 되게 할 정도였다.

노예선에 빼곡히 들어찬 노예들

그러나 그의 그 완고하고 잔혹한 성정은 그가 노예 무역을 끝내고 귀향하던 길에 큰 폭풍을 만나면서 꺾여 나갔다. 배가 파선되고 죽음이 임박하면서 그는 비로소 전심을 다해 하나님의 손길을 간절히 구하였고, 그 죽음의 항해에서 살아남을 수 있었다.

자신을 향한 하나님의 풍성한 은혜를 깨달은 그는 진정으로 예수님을 구주로 영접한 뒤 노예 무역을 그만두고 성경 원본 연구에 매진하였다. 그리고 1764년 목회의 길에 들어서서 숨을 거두는 순간까지 열정적이고 헌신적인 목회 활동을 이어 나갔다. 그는 자신의 반복되었던 방황의 경험을 되뇌며 성도들에게 끊임없이 회개를 촉구하였고, 하나님의 신실하고 깊은 은혜에 대한 그의 설교는 많은 사람에게 감동과 감화를 주었다.

완전히 새 사람으로 거듭난 그가 남긴 그 유명한 찬송곡은 영적으로 죽은 상태인 죄악의 삶에서 구원받은 감사와 기쁨, 승리하는 삶에 대한 기대, 천국에 대한 소망 등이 담겨 있다.

나 같은 죄인 살리신 주 은혜 놀라워, 잃었던 생명 찾았고 광명을 얻었네.
큰 죄악에서 건지신 주 은혜 고마워, 나 처음 믿은 그 시간 귀하고 귀하다.
이제껏 내가 산 것도 주님의 은혜라, 또 나를 장차 본향에 인도해 주시리.
거기서 우리 영원히 주님의 은혜로, 해처럼 밝게 살면서 주 찬양하리라.

뉴턴이 시무했던 올니의 교회

예수 그리스도는 분명 죄에 대해 승리를 거두셨다.
따라서 내가 할 일은 믿음 안에서 그리스도를 바라보고
그분으로 하여금 내 안에 있는 죄를 다스리게 하는 것이다.

4

How Sin Is Overcome

어떻게 죄를 정복할 것인가

어떻게 죄를 정복할 것인가

예수 그리스도는 분명 죄에 대해 승리를 거두셨다.
따라서 내가 할 일은 믿음 안에서 그리스도를 바라보고
그분으로 하여금 내 안에 있는 죄를 다스리게 하는 것이다.

이제 우리는 그리스도인 체험의 중요한 일면을 접하게 되었다. 성경이 우리에게 명하는 바 완전함과 거룩함이 없이는 아무도 하나님을 볼 수 없다.

더러운 옷

그러나 우리는 하나님 보기를 갈망한다. 우리는 하나님을 알 뿐만 아니라 관계 맺기를 원한다. 인간의 노력에 의해서는 성경이 말하는 거룩에 도달할 수가 없다. 인간의 노력과 하나님의 능력을 절충한다고 해도 불가능하기는 마찬가지이다. "우리의 의는 다 더러운 옷 같으며……" 사 64:6.

그러나 예수 그리스도가 오셔서 우리 안에 거하실 때 그분의 완전한 사랑과 완전한 성결을 우리도 소유할 수 있다고 하나님은 약속하셨다.

즉 그리스도가 우리의 생명이 될 때 우리는 정녕 하나님을 알게 된다. "영생은 곧 유일하신 참 하나님과 그의 보내신 자 예수 그리스도를 아는 것이니이다"요 17:3. 예수 그리스도는 완전한 사랑이시다. 그리고 그 사랑은 우리의 두려움뿐만 아니라 모든 죄를 이기신다.

이러한 사실은 우리가 전부터 알고 또 실제로 경험했을 것이다. 이제 우리는 그리스도의 사랑을 충분히 믿고 그것을 글로 쓸 수도 있다. 그러나 그것만으로는 부족하다. 정작 문제가 되는 것은 죄 가운데서 몸부림치다가 하나님의 은혜로 구원을 얻은 내가 어떻게 하면 그리스도의 완전한 사랑을 얻을 수 있을까? 또 어떻게 알고 짓는 모든 죄를 이기고 승리하는 삶을 살 수 있느냐? 하는 것이다.

하나님이 하실 수 있는 일

하나님은 모든 죄인을 죄의 손아귀에서 구해 내실 뿐만 아니라, 우리로 하여금 그 죄를 정복하고 승리하는 삶을 살 수 있게 하신다. 어떻게 모든 죄(하찮은 죄도 포함)로부터 한시바삐 벗어날 수 있을지 우리는 알기 원한다. 물론 우리가 알다시피 사랑의 구세주요, 전능자이신 그리스도가 이 일을 행하실 수 있다. 그렇다면 그리스도는 어떻게 죄를 정복하셨을까?

이것은 그리스도인이라면 누구나 한번쯤은 던져 보는 질문이다. 많은 그리스도인이 죄를 정복하고자 부단히 애를 쓰지만 대부분 실패하고 만다. 많은 그리스도인이 죄를 짓지 않으려고 애를 쓴 결과 일정 수준의 선한 삶에 도달하긴 하지만 서서히 그 수준 이하로 떨어지게 된다. 그 이유가 무엇일까? 방법이 잘못되어서일까?

이것은 매우 중요한 문제이므로 독자들은 다음에 비판하는 내용을 인내를 가지고 차근차근 읽기 바란다. '인내를 가지고'라고 말하는 것은 성화聖化를 추구하는 사람들이 흔히 듣는 조언과는 아주 다르기 때문이다. 내가 하려는 이야기들은 다 경험에서 나온 것이다. 나는 안타깝게도 위에서 말한 길을 다 밟았었다. 그 길의 기쁨과 좌절을 모두 경험하였다. 따라서 오늘날 지난날을 돌이켜 볼 때, 내가 왜 승리하는 삶을 살지 못했는지 알고 있다.

일반적 방법

유혹에 맞서 싸우라. 당신은 예수 그리스도를 개인적 구세주로 받아들였으나 여전히 남아 있는 죄의 본성이 자주 표출되어 죄를 짓게 된다. 당신은 그러한 죄의 유혹을 이기기를 바라지만 이 세상에 사는 동안 죄의 유혹은 늘 당신과 함께할 것이다. 그러나 육체의 소욕과 죄의 유혹을 싸워 이겨야 한다(물론 하나님의 도우심으로). 이것이 죄를 정복하는 방법이다.

이러한 사고방식은 설득력이 있을 뿐더러 꽤 괜찮고 현명해 보인다. 그리고 우리의 의지력이 지속되는 한 하나님이 우리가 죄를 이길 수 있도록 도와주실 것이다. 그래서 나도 이 방법을 택하여 고군분투해 보았지만 결국 실패하고 말았다. 사탄의 힘이 인간의 힘보다 강해서일까!

이 방법은 믿을 만한 것이 못 된다. 믿음 안에서 유혹에 맞서 싸워야 한다는 주장을 뒷받침할 성경 구절이 과연 있는가? 죄를, 청년의 정욕을,

우상 숭배 등을 피하라고 성경은 말한다. 그렇다면 유혹과 싸우라는 말을 들어 본 적이 있는가? 있다면 그 말씀을 성경 어느 곳에서 찾을 수 있는가?

사도 바울이 "선한 싸움을 싸우라"고 말한 것은 사실이지만 그는 이 말씀에 '믿음의' 라는 말을 덧붙여 "믿음의 선한 싸움"이라고 하지 않았던가? '믿음의 선한 싸움' 이란 맞붙어 싸우라는 뜻이 아니다. 야고보도 "마귀를 대적하라"약 4:7는 말을 했다. 어떻게 대적하라는 말인가? 우리 힘으로 대적하라는 말인가? 아니다. "너희는 믿음을 굳게 하여 저를 대적하라"벧전 5:9는 뜻이다.

우리는 싸우기보는 서야 한다. '모든 것을 행한 후에 굳게 서라.' 믿음의 방패는 능히 악한 자의 모든 화전을 소멸하기 때문이다엡 6장. 믿음이란 우리 스스로 뭔가 하려는 것이 아니라 하나님이 모두 하시도록 내어 맡기는 것이다.

예수 그리스도는 승리하셨다

우리를 위해 예수 그리스도가 승리하셨다. "그런즉 이제는 내가 산 것이 아니요 오직 내 안에 그리스도께서 사신 것이라"고 바울은 말했다. 또 요한은 "자녀들아 너희는 하나님께 속하였고 또 저희를 이기었나니"라고 말했다.

어떻게 이겼을까? "너희 안에 계신 이가 세상에 있는 이보다 크심이라"요일 4:4. 따라서 승리의 비결은 바로 내주하시는 그리스도라는 같은 결론에 도달할 수밖에 없다. 승리란 믿음으로 얻어지는 것이지 우리의 노력으로 얻어지는 것이 아니다. "세상을 이긴 이김은 이것이니 우리의 믿음이니라"요일 5:4.

자기 힘으로 죄를 이기려고 고군분투하는 한 번번이 죄에 지고 만다. 그러므로 은혜 안에서 성장해야 한다. "너희 중에 누가 염려함으로 그 키를 한 자나 더할 수 있느냐"고 주님이 말씀하셨다. 우리의 영적 키도 우리 힘으로 자라게 할 수 없다.

이론과 실제

성장의 조건은 무엇인가? 생명이 있으면 공기, 음식, 운동에 의해 성장한다.

우리의 영적 생명이 우리 안에 계시고 우리를 보호하시는 성령에 의해 보존되고 자신을 일컬어 "하나님의 떡"요 6:33이라고 말씀하신 예수 그리스도에 의해 양육되면 선행이라는 운동을 하게 되고 따라서 성장이 있을 것이다. 은혜 안에서의 성장이 있는 것이다. 그러나 은혜 안으로의 성장은 없다. 죄가 영적 성장을 가로막기 때문이다. 따라서 고군분투함으로써 영적 성장을 꾀할 수는 없다.

그러나 이것은 모두 이론이다. 문제는 어떻게 이것을 실제화시키느냐는 것이다. 최근 "그러므로 너희는 온전하라"는 주님의 명령에 관한 설교를 들었다. 설교자는 경건하고 겸손한 분이었다. 주님이 말씀하신 온전함이란 우리가 목표로 해야 하지만 결코 도달할 수 없는 것이라는 것이 설교의 요지였다. 그러나 그것에 점차 가까이 갈 수는 있다고 했다.

그 방법은 무엇일까? 그가 제시한 방법은 한 번에 한 가지 죄와 싸워 이김으로써 서서히 죄를 억압하고 이겨 복종시킨다는 것이었다. 이렇게 한 가지 죄를 정복하고 난 뒤, 다른 죄를 해결하다 보면 언젠가는 우리의 모든 죄를 다스릴 수 있게 된다고 했다. 이것은 마치 한꺼번에 음을 조율할 수는 없고 한 번에 한 음씩 맞춰 나가야 하는 피아노 조율과 같다고 했다.

매우 그럴 듯한 방법이다. 여러분 가운데 혹시 이와 같은 방법을 사용하여 성공한 적이 있는가?

죄는 모두 같다. 즉 모든 죄는 우리 안에 있는 죄의 본성에 같은 뿌리를 내리고 있다. 죄는 그리스도에 의해 이미 정복되었다. 우리가 죄의 가지를 펴내는 데 시간을 소비해야 할까 아니면 죄의 뿌리를 제거해야 할까? 예수 그리스도가 현재 내 안에 있는 알려진 죄를 정복하실 수 없다면 몇 달 아니 몇 년이 지나면 그렇게 하실 수 있을까?

나는 설교를 듣고 난 후 그대로 실천해 보았지만 죄의 문제는 해결할 수 없었다. 예수 그리스도는 분명 죄에 대해 승리를 거두셨다. 따라서 내가 할 일은 믿음 안에서 그리스도를 바라보고 그분으로 하여금 내 안에 있는 죄를 다스리게 하는 것이다.

점진적 승리

어느 소매치기가 어슬렁거리다가 복음을 전파하는 전도단을 만나 예수를 믿게 되었다. 그는 그리스도 안에 죄사함과 죄를 이길 능력이 있음을 알게 되었다. 기쁨으로 새생활에 접어든 그는 자신이 늘 하던 대로 미래에 대한 계획을 세웠다.

내가 구원받지 못하던 때는 하루에 스무 명 이상의 주머니를 털었지. 그러나 이제 그리스도인이고 소매치기는 죄라는 것을 알고 있지. 그러니 이젠 소매치기 그만해야지. 단번에 그만둘 수는 없고 서서히 그 횟수를 줄여 가야지. 내일부터 시작해서 이 달 말까지는 하루에 열 사람의 주머니를 터는 거야. 그리고 다음 달엔 무슨 수를 쓰더라도 하루에 다섯 명 이상은 털지 말아야지. 왜냐하면 나는 그리스도인이니까. 그러다 보면 올해 안에 피나는 노력과 하나님의 도움으로 소매치기 일에서 손을 뗄 수 있을 거야.

이것은 믿을 만한 이야기인가? 나는 믿을 수 없다. 우리도 같은 방법으로 악한 습성, 교만, 분노, 시기, 미움 등을 해결하려고 애쓴 경험이 있다. 그러나 우리는 소매치기나 술주정뱅이나 노름꾼들이 그리스도를 영접하는 순간 즉시 자신의 죄된 행위를 버릴 수 있다고 믿지 않는가? 또한 그들이 그리스도를 믿는 순간 모든 죄된 습성에서 즉각 떠날 수 있는 능력을 그리스도가 주실 것이라고 자신 있게 말하지 않는가? 이렇듯 능력 있는 하나님이 소매치기나 술주정이나 노름보다 훨씬 가벼운 죄를 이길 능력을 우리에게 주시지 않겠는가? 실로 하나님은 우리로 하여금 죄에 대해 완전한 정복자가 되게 하실 수 있다.

죄를 이기는 것은 하나님의 선물이지 성장이 아니다. 바울은 이 사실을 깨닫고 있었다. 그래서 "죄를 점진적으로 이기게 하시는 하나님께 감사드린다"고 말하지 않고 "우리 주 예수 그리스도로 말미암아 우리에게 이김을 주시는 하나님께 감사하오니" 고전 15:57라고 말했다. 우리가 흔히 생각하듯 죄에 대한 점진적 승리란 없다.

하나님의 선물은 완전하다. 왜냐하면 하나님은 우리의 믿음을 통해 예수 그리스도가 우리 안에 거하게 하셨기 때문이다. 바로 그 예수 그리스도가 우리를 지키신다. "능히 너희를 보호하사 거침이 없게 하시고……" 유 24절. "하나님께로서 난 자마다 범죄치 아니하는 줄을 우리가 아노라"고 성령은 말씀하신다. 성령은 "하나님께로서 나신 자가 저를 지키시매 악한 자가 저를 만지지도 못하느니라" 요일 5:18고 그 이유를 말씀하신다. 우리는 그리스도가 우리를 죄로부터 지키신다는 것을 믿을 수 있는가?

미국의 어느 늙은 흑인 노예가 이 진리를 깨달았다. 그래서 그의 안에 계시는 그리스도의 놀라운 능력으로 삶이 기쁨으로 변하였다. 그러나 백인 주인은 그를 비웃으며 이렇게 말했다. "오 삼보, 그러니까 자네가 마귀를 이겼다는 말인가?" 그러자 삼보는 이렇게 말했다. "아닙니다. 주인님. 제가 이겼다는 것이 아니라 마귀를 이기신 주인님을 제가 모시고 있다는 말이지요."

흑인 삼보의 고백이야말로 우리 모두에게 필요한 것이 아닌가?

승리의 삶을 산 위대한 그리스도인

존 번연

존 번연 John Bunyan 1628–1688

성경 다음으로 많이 읽히고 있는 신앙 서적, 『천로역정』을 쓴 존 번연은 영국 남부의 한 작은 마을에서 땜장이의 아들로 태어났다. 빈한한 가정 형편으로 교육도 제대로 받지 못한 번연의 영적 세계를 풍요롭게 해준 사람은 바로 그가 20대 초반에 맞이하였던 아내였다. 수저나 접시조차 변변한 게 없을 만큼 궁핍한 삶이었지만, 문학적 재능을 타고난 젊은 부인의 경건한 인격과 행동은 번연에게 깊은 영향을 미쳤다.

번연의 회심은 우연히 길가에서 쉬고 있던 여인들의 대화를 들으면서 이루어졌다. 그 여인들은 하나님이 자신들을 얼마나 사랑하고 계시는지, 또 자신들이 얼마나 비참한 상태에서 구원받았는지를 이야기하고 있었다. 시골 여인들의 꾸밈없는 대화는 번연의 마음을 뒤흔들었다.

그는 자신의 거듭남에 대한 심각한 의혹에 빠졌고 철저하게 바닥부터 자신의 구원을 더듬기 시작했다. 그리고 "십자가의 피로 화평을 이루사"(골 1:20)라는 말씀을 통해 비로소 안식을 얻고 자신의 자녀 됨을 확신하게 되었다. 그는 25세 때 세례를 받고 회중교회 교인이 되었으며, 이어서 평신도 목회의 소명을 받았다.

1660년, 그는 영국 국교회와 일치하지 않는 예배를 인도했다는

번연이 12년간 수감되어 있던 베드포드 감옥

혐의로 기소당하여 3개월간 수감되었고, 풀려나고서도 더 이상 설교하지 말라는 당국의 명령을 거절함으로써 이후로 12년간이나 감옥 생활을 하였다. 번연은 그 긴 세월을 낙담과 좌절로 헛되이 보내지 않았다. 그는 쉬지 않고 성경을 연구했고, 힘이 넘치는 문체와 풍부한 상상력으로 여러 권의 책을 집필하였다. 위대한 걸작 『천로역정』이 완성된 것도 바로 옥중에서였다. 천성을 향한 한 순례자의 고단한 여정을 그리고 있는 이 서사시는 고뇌와 회심, 전도와 박해, 그리고 마침내 승리로 이어진 번연 자신의 삶을 반영한 것이라고도 할 수 있다.

1672년에서야 석방된 번연은 열렬히 환영을 받으며 목회 활동을 재개하였고, 1688년 설교 여행 도중 열병으로 세상을 뜨기까지 청교도 신앙을 옹호하며 교리 논쟁서, 신앙 교훈시 등 수많은 작품을 써내려 갔다. 평생을 순례자로 살아간 그의 됨됨이에 대해서 후대는 이렇게 평가하고 있다.

그는 그리스도인으로서 그리고 그리스도의 일꾼으로서 뛰어난 인물이었다. 그는 하나님이 맡기신 일을 그의 사명과 기쁨으로 삼았다. 그는 힘써 설교를 했고 부지런히 설교 준비를 했으며 하나님의 일에 태만하지 않았다. 책망할 만한 일을 보았을 때는 용서하지 않았고, 시험을 당한 자에게는 위로와 도움을 주었다. 그는 마음이 상하고 고난당하는 자에게는 위로의 아들이었으나, 안일무사하고 영적으로 죽어 있는 죄인에게는 우레의 아들이었다.

삽화가 들어 있는
번연의 『천로역정』

우리는 예수 그리스도의 행동을 부분적으로 본받을 수 있고 또 본받아야 한다. 그렇지만 완전히 본받는 것은 불가능하다. 우리가 부분적으로나마 그리스도를 본받을 수 있는 것은 그분이 우리 안에 계시기 때문이다.

5
None Can Imitate Christ

그리스도를 본받는 것은 불가능하다

그리스도를 본받는 것은 불가능하다

우리는 예수 그리스도의 행동을 부분적으로 본받을 수 있고 또 본받아야 한다.
그렇지만 완전히 본받는 것은 불가능하다. 우리가 부분적으로나마
그리스도를 본받을 수 있는 것은 그분이 우리 안에 계시기 때문이다.

승리하는 삶은 때가 되면 저절로 얻어지는 것이 아니라 우리의 수고나 노력으로 얻어지는 것도 아니라는 사실을 알고 있는가?

그리스도를 본받는 것

하나님을 믿지 않는 사람도 일시적으로는 자제력을 어느 정도 발휘할 수 있음을 우리는 알고 있다.

예를 들어 운동 선수는 세계적인 경기에서 승리를 얻겠다는 일념에서 "청년의 정욕을 피하고 온갖 더러운 것에서 자신을 깨끗하게" 한다. 사업가나 종업원들은 사업의 안전을 위해 또는 일자리를 잃지 않기 위해 감정의 폭발을 억제한다. 사회적으로 이름이 알려진 여성은 누군가 당황해 차를 엎지르는 바람에 멋진 옷이 더럽혀지더라도 상냥한 표정을 지

을 것이다. 그리스도인도 이처럼 자기 훈련에 의해 자제력을 발휘할 수 있다. 그러나 승리하는 삶은 이와 같은 방법으로 얻어지는 것이 아니다.

내 말을 오해하지 말라. 죄악된 세상과 맞서기 위해서는 싸움, 즉 매우 치열한 전투가 필요하다. 그러나 인간의 의지력으로 자기 안의 죄와 싸우려는 것은 곧 그리스도를 불신하는 행위이며 결과적으로 패배할 수밖에 없다. 그렇다면 어떻게 승리하는 삶을 살 수 있을까? 많은 사람이 그리스도를 본받으려고 애를 쓰는데 이 방법은 그럴 듯해 보인다.

왜냐하면 그리스도를 본받는 것은 매우 매력적이고 그럴 듯하며 승리를 보장해 줄 것 같기 때문이다. 물론 그리스도를 본받는 것은 대단한 일이다. 과연 당신은 그리스도를 본받을 수 있을까? 아마 당신은 "글쎄요. 일단 노력은 해볼 수 있겠죠."라고 말할 것이다. 사실 그리스도를 본받은 사람은 아무도 없다. 그리스도를 본받는 것은 불가능하다. 또 그리스도를 본받으라는 말을 할 수도 없다.

우리의 생명이신 그리스도

『그리스도를 본받아』 *The Imitation of Christ*-생명의말씀사 역간라는 책은 세계적으로 유명한 신앙 서적 가운데 하나이다. 많은 사람이 이 책에 대해 알고 있다. 이 책은 기쁨을 주는 책으로 헤아릴 수 없이 많은 사람에게 도움이 되었다. 그러나 그리스도를 본받는 것에 관한 책은 아니다. 하나님을 믿지 않던 노예 상인 존 뉴턴John Newton은 이 책을 통해 그리스도를 영접하였다. 당신도 그 책을 다시 읽어 보면 영적 유익을 얻을 것이다. 그러나 그 책 어디에도 그리스도를 본받는 것에 관한 내용은 찾아볼 수 없다. 대신 우리에게 유익한 충고, 조언, 명상, 기도, 권면들로 가득 차 있다. '그리스도를 전유함' The Appropriation of Christ이나 '그리스도를 흡수함' The Absorption of Christ과 같은 제목이 더 나을 것이다.

그리스도는 우리가 본받아야 할 대상 그 이상이다. 즉 그분은 우리의 생명이다. "그리스도를 본받는다는 생각은 악마의 술수이다."라고까지 말한 사람도 있다. 그의 주장이 극단적이긴 하지만 틀린 것은 아니다. 물론 주 예수를 본받으려는 것은 우리에게 해가 되지 않고 오히려 이롭다. 그러나 그리스도를 본받는 데 성공한 사람은 아무도 없다.

차선은 '최선'의 적이다. 우리가 아는 성인, 성자를 본받으려고 하는 일이 얼마나 무모한지 잘 알 것이다. 그러기에 그리스도를 본받는 일은 그보다 훨씬 더 어렵지 않겠는가?

본받는 자에 대한 성경적 관점

우리는 인간의 판단에 의존해서는 안 된다. 본받는 것에 대해 성경은 어떤 말을 하고 있을까? 예수 그리스도와 같이 되라 또는 그분처럼 되도록 애쓰라는 말은 성경 어디에도 없다는 사실이 충격적이지 않은가? 물론 매우 충격적일 것이다. 본받는다는 것의 개념 파악을 위해 우선 로마서 8:29을 통해 살펴보기로 하자.

"하나님이 미리 아신 자들로 또한 그 아들의 형상을 본받게 하기 위하여 미리 정하셨으니."

고인이 된 더럼의 주교 모울 H. Moule은 로마서 주석에서 "여기에 쓰인

헬라어는 문자적으로 '형상을 본받은 자들'이라는 의미로 그들의 유사성이 그들을 본받은 대상의 일부인 것처럼 되게 한다."고 말하고 있다.

또한 바울은 "또 너희는 많은 환난 가운데서 성령의 기쁨으로 도를 받아 우리와 주를 본받은 자가 되었으니"살전 1:6라고 말했다. 이들은 어떤 면에서 주를 본받았을까? 복음을 위하여 고난을 당함으로써? 그러나 그리스도의 종들이 당한 고난이 아무리 크다 한들 그리스도가 당하셨던 고난을 능가할 수 있을까? 세상이 그리스도를 핍박했으니 그리스도인 역시 세상의 핍박을 받을 것이다.

이러한 사실은 베드로전서 2:21에서 확인할 수 있다. "이를 위하여 너희가 부르심을 입었으니 그리스도도 너희를 위하여 고난을 받으사 너희에게 본을 끼쳐 그 자취를 따라오게 하려 하셨느니라."

그리스도는 (아무 죄가 없음에도 불구하고) 세상 사람들로부터 박해를 감수하셨다. 아마 당신은 "그러나 사도 바울은 우리에게 하나님을 본받는 자가 되라고 말하지 않았던가요?" 하고 물을 것이다. 진정 사도 바울은 그리스도의 용서하는 마음을 본받으라는 뜻으로 그러한 표현을 사용한 것이다엡 4:32, 5:1 참조.

우리는 예수 그리스도의 행동을 부분적으로 본받을 수 있고 또 본받아야 한다. 그렇지만 완전히 본받는 것은 불가능하다. 우리가 부분적으로나마 그리스도를 본받을 수 있는 것은 그분이 우리 안에 계시기 때문이다. 물론 언젠가 우리는 그리스도와 같이 될 것이다. 그러나 우리가 그리스도를 본받으려고 애씀으로써 그렇게 되는 것이 아니다.

"그가 나타내심이 되면 우리가 그와 같은 줄을 아는 것은 그의 계신 그대로 볼 것을 인함이니" 요일 3:2.

우리 안의 그리스도

우리가 그리스도의 뜻을 알고 '더 풍성한 생명'을 얻는 것에 방해가 되지 않는 한 그를 닮으려고 애쓰는 것은 전혀 해가 되지 않는다. 그리스도는 우리 안에 그분의 생명을 심기 위해 우리의 삶에 직접 들어오기를 원하신다. 이 얼마나 고마운 일인가! 그리스도가 우리 안에 거하시지 않으면서 우리 힘만으로 그분을 따르고 본받으라고 명하셨다면 우리는 자포자기할 수밖에 없다.

그러나 그리스도는 우리의 믿음에 의해 우리에게 오시고 우리 안에 거하시겠다고 말씀하셨다. 그리스도가 우리의 일시적 조력자나 협력자가 되시는 것보다는 우리 안에 거하심으로써 삶의 동반자가 되는 것이 훨씬 더 든든하다. 우리 안에 그리스도를 모실 수 있는 특권에 대해 바울은 이렇게 말했다.

"너희 안에서 행하시는 이는 하나님이시니 자기의 기쁘신 뜻을 위하여 너희로 소원을 두고 행하게 하시나니" 빌 2:13.

너희로 소원을 두고 행하게 하신다는 의미를 '하나님은 우리 안에 그리스도가 거하게 하심으로써 보다 능력 있고 효율적으로 일하신다.'로 해석할 수 있다. 믿는 이들 안에 거하는 것은 그 어떤 영향력이나 영적 힘이 아니라 바로 하나님 자신이라는 것을 기억하라.

때때로 우리는 우리의 소유물을 소유하도록 권고받지만 오히려 우리는 모든 참된 신자가 그들의 소유자, 즉 모든 것이 되시며 그들 안에 거하시는 예수 그리스도를 소유하도록 권유하는 바이다. 사실상 본받다의 참뜻은 그 안으로 들어가는 것이다. 이런 의미에서는 실제로 본받는 것이 있다. 즉 우리는 그리스도 안으로 들어가고, 그리스도는 우리 안에 들어오시는 것이다. 그래서 바울은 "내게 사는 것이 그리스도니……"빌 1:21, "우리 생명이신 그리스도……"골 3:4라고 고백했다.

그리스도는 모든 믿는 이들 안에 이미 거하신다는 사실을 우리는 기억해야 한다. 우리 안에 계신 그리스도가 우리의 삶을 전적으로 주관하시기 전에는 결코 승리하는 삶을 살 수 없다.

내가 아이들에게 복음을 전할 때 종종 사용한 예화 하나를 소개하겠다.

"너희들 B선수(그 당시 이름을 떨치던 축구 선수로서 센터 포워드를 맡고 있었음)처럼 축구를 잘하고 싶니?"

"그럼요, 아저씨."

"그래? 아주 간단한 방법이 있지. 그를 본받는 거야."

"어떻게 본받을 수 있어요?"

"만일 그가 지닌 힘을 내가 그대로 너희에게 준다면 어떻겠니?"

"그래도 할 수 없어요. 왜냐하면 그가 지닌 기술이 우리에겐 없어요."

"그래? 그렇지만 그의 힘과 함께 그의 마음까지 함께 준다면 할 수 있을 거야. 그가 생각하는 대로 너희가 움직이면 되니까 그의 기술이 모두 너희 것이 되겠지."

"그렇게만 할 수 있다면 우리도 축구를 잘할 수 있을 거예요."

그리스도가 그의 자녀들에게 바라시는 것도 바로 이것이다. 그리스도는 "나를 본받으라."고 말씀하시지 않았다. 다만 "나로 하여금 네 안에 들어가게 하라. 그리하여 네 안에서 선한 생각을 하고 네 안에서 일하고, 네가 그러한 생각들을 행동으로 옮길 수 있게 하라."고 말씀하신다.

"너희는 위로부터 능력을 입히울 것이다."

그렇다. 그 능력은 하나님의 성령이다. 그리스도는 성령이 "우리 안에 거하실" 것이라고 말씀하셨다.

그리하여 바울은 "우리가 그리스도의 마음을 가졌느니라"_{고전 2:16}고 담대히 말했다. 우리가 그리스도의 마음을 가졌다면, 그 마음의 목적을 이룰 수 있는 위로부터 온 능력을 가지고 있다면 거룩함은 제2의 천성이 아니라 삶 자체가 된다.

아는 것과 행하는 것

이 책을 읽으면서 당신은 "별로 새로운 내용도 아니군."이라고 중얼거릴지 모른다. 물론 새로운 것은 아니다. 문제는 당신이 알고 있는 것을 실제로 행하고 있느냐는 것이다. 오래전부터 나는 이 모든 사실을 성경에서 읽고 믿었을 뿐 아니라 설교시에 사람들에게 전했다.

그럼에도 불구하고 수없이 많은 작은 죄를 지은 것은 나의 주, 나의 구세주에 대한 배반이었다. 별다른 해결책을 발견할 수 없었다. 그래서 다시금 무릎 꿇고 모든 것을 주께 맡기며 주 예수 그리스도가 내 안에 계시다는 믿음의 고백을 할 뿐이었다. 즉 나는 하나님의 말씀을 믿기만 하고 행하지 않았다.

하나님의 임재를 느낀다는 것은 얼마나 놀라운 일인가? 그리스도는 영원 속에 거하시다가 우리가 어려움을 당할 때 나타나셔서 도와주시고 사라지셨다가 우리가 필요할 때 다시 나타나시는 분이 아니다. 그분은 오셔서 우리 안에 거하시며 우리의 모든 삶, 즉 몸과 마음과 영혼을 주관하신다.

그러므로 우리가 아침에 일어나서 제일 먼저 생각하고 하루에도 수없이 상기해야 할 것은 "내게 사는 것이 그리스도"라는 말씀이다.

어느 소녀가 말씀을 통해 이러한 가르침을 받고 난 후 기쁨에 가득 차서 얼른 집으로 돌아왔다. 외출 후 돌아온 소녀의 어머니는 부엌에서 들려오는 딸의 음성을 들었다.

"예수님, 예수님이 오셔서 제 마음속에 거하실 것이라는 말씀을 배웠습니다. 저의 모든 죄를 용서해 주세요. 그리고 제 마음을 깨끗하게 해주세요. 그리고 지금 제 마음속에 들어오세요."

기도를 마친 후 소녀는 일어나 하늘을 보고 "이제 내 안에 예수님이 계셔."라고 말했다.

죄사함, 복종, 믿음.

아주 단순해 보인다. 그러나 "죽은 자들 가운데서 다시 살리신 능력"엡 1:19-20, 즉 '위로부터의 능력'이 담겨 있는 말이다.

How to Live the Victorious Life

승리의 삶을 산
위대한 그리스도인

마르틴 루터

마르틴 루터 Martin Luther 1483–1546

마르틴 루터는 율법적 중세 가톨릭으로부터 복음적 프로테스탄트로 신앙을 전환하고 그 확신으로 종교 개혁의 불꽃을 일으킨 위대한 개혁가이자 신학자다.

대학을 뛰어난 성적으로 졸업하고 법학부에 진학한 루터는 여행 중 낙뢰를 만나 죽음의 공포를 느끼면서 수도사가 될 것을 맹세하였다. 어렵지 않게 사제 서품을 받고 수도회에서 중책을 맡았으며, 신학 박사가 되고 나서는 대학에서 성경학 교수로 강의하는 등 타의 추종을 불허하는 탁월한 학식으로 존경을 받았다. 그렇게 성공적인 사제와 학자의 삶을 영위하면서도 루터는 죄의 문제에 대해 번민을 그칠 수 없었다. 그의 양심은 아무리 고해 성사를 하여도 인간이 하나님의 의를 만족시킬 수 없음을 알고 있었다. 방황 끝에 루터는 "오직 의인은 믿음으로 말미암아 살리라"(롬 1:17)는 말씀을 통해 죄인은 믿음으로만 대가 없는 용서를 받고 의롭다 함을 받을 수 있음을 깨달았고, 비로소 그 길고긴 고통에서 벗어나 참된 안식을 누릴 수 있었다. 그는 훗날 그 통찰의 순간의 느낌을 이렇게 표현하였다.

……이제 나는 전적으로 거듭났다. 문들이 활짝 열렸고, 나는 낙원으로 들어섰다.

루터가 「95개조 반박문」을 붙인
비텐베르크 성 교회 문

결국 그는 1517년 10월 31일 로마 가톨릭의 모든 종교적 관행을 뒤엎는 『95개조 반박문』을 공개하였고 그로써 세상을 뒤흔든 종교 개혁의 선봉이 되었다. 이로 인해 루터는 1521년 보름스 회의에 소환되었고 신성 로마 제국 황제 앞에서 자신의 신학적 입장을 밝혀야만 하는 절대절명의 위기에 처하였다. 황제는 그에게 마지막 관용을 베풀어 그의 주장들을 취소할 수 있는 기회를 주었다. 그러나 루터는 황제와 의회 앞에서 그 유명한 말로 자신의 굳건한 의지를 보였다.

내 양심은 하나님의 말씀에 사로잡혀 있습니다. 따라서 나는 아무것도 철회할 수 없으며 또 철회하지도 않을 것입니다. 양심을 거스르는 일은 옳지도 않고 안전하지도 않기 때문입니다. 나는 달리 어떻게 할 도리가 없습니다. 여기에 내가 서 있나이다. 하나님이여, 나를 도우소서. 아멘.

추방 명령을 받고 생명의 위협에 노출되어 은신해야 하는 처지에 놓였지만, 세상과의 싸움에서 승리한 그의 영혼은 '복음주의 기독교의 부흥'을 내다보며 평온할 수 있었다. 성경과의 깊은 만남을 통해 재발견한 성경의 진리와 거부할 수 없는 신앙 양심에 따라 신념을 굽히지 않은 그의 강직한 믿음은 참으로 그를 오직 그리스도만을 붙잡고 선한 싸움을 싸운 하나님의 위대한 용사라고 일컫는 데 부족함이 없게 한다.

보름스 회의에 소환된 루터

그리스도 앞에 자아를 복종시키고 모든 자범죄로부터 벗어나기를 갈망해야 한다.
믿음으로 그리스도를 바라보고 그분을 우리 삶의 주인으로 모실 때
우리 안에 있는 죄의 본성을 제거할 수 있다.

6

How to Enter In

어떻게
거룩한 생활을
시작할 것인가

어떻게 거룩한 생활을 시작할 것인가

그리스도 앞에 자아를 복종시키고 모든 자범죄로부터 벗어나기를 갈망해야 한다.
믿음으로 그리스도를 바라보고 그분을 우리 삶의 주인으로 모실 때
우리 안에 있는 죄의 본성을 제거할 수 있다.

우리 힘으로 죄와 싸워 거룩하게 되는 것이 불가능하다면, 그리스도를 본받아 그분처럼 될 수 없다면 우리에게 남은 희망은 무엇인가? 희망? 나는 희망뿐 아니라 죄와 싸우고 그리스도를 본받으려 하는 데 쓰라린 실패도 없음을 곧 발견하였다.

하나님의 임재를 구함

영적 지평선 위로 밝게 떠오른 별이 있었다. 그 별을 본 동방박사들은 기쁨을 이기지 못했다.

이처럼 성령의 신비한 빛이 나를 그리스도께 인도했다. 그리스도가 계신 곳에 승리가 있지 않겠는가?

동료 사역자로부터 소책자 한 권을 선물받은 적이 있다. 그것은 로렌

스Brother Lawrence 수사가 쓴 『하나님의 임재 체험하기』 *The Practice of the Presence of God*–생명의말씀사 역간라는 책이었다. 이 책은 내 인생에 지대한 영향을 미쳤다.

경건과 영적 훈련에 관한 책들이 실질적 도움을 주기보다 영적으로 장애가 된다는 것을 깨달은 로렌스 수사는 하나님의 임재를 늘 느낄 수 있는 방법을 모색했다. 그래서 늘 하나님이 옆에 계신 것처럼 행동했다. 그 결과 그는 기도 시간 외에도 하나님의 임재를 느끼며 친밀한 교제를 나눌 수 있었다.

그는 이렇게 말했다.

나는 일하는 시간에도 기도 시간처럼 하나님의 임재를 느낄 수 있습니다. 여러 사람이 동시에 각각 다른 것을 요구하며 소리치는 부엌에서도 무릎을 꿇고 성찬식에 참여할 때와 마찬가지로 무한한 평온 속에서 하나님의 임재를 느낄 수 있습니다.

이러한 상태야말로 우리가 원하는 것이 아닌가? "주께서 생명의 길로 내게 보이시리니 주의 앞에는 기쁨이 충만하고 주의 우편에는 영원한 즐거움이 있나이다"시 16:11라고 시편 기자는 말했다. 주의 임재를 느끼는 것이 승리하는 삶일까? 로렌스 수사에게는 틀림없이 그렇게 보였을 것이다.

그 소책자는 내 가슴을 뛰게 했다. 전에는 그처럼 영혼이 고양되는 것을 체험한 적이 없었다. 하나님 앞에 서서 그분을 섬기는 것이 무엇인지 깨닫지 못했었다.

그 후 하나님이 나를 보고 계신다는 것을 깨달을 뿐만 아니라 하나님이 내 안에 계신다는 사실을 늘 의식하게 되었다. "나는 하나님 앞에 섰는 가브리엘이라"눅 1:19고 성소 안에 있던 사가랴에게 말하던 천사장 가브리엘이 생각났다.

그렇다. 그 순간 가브리엘은 성전 안에 있었지만 자신은 여전히 하나님 앞에 서 있다는 사실을 늘 의식하고 있었던 것이다. 예수 그리스도도 "이 소자 중에 하나도 업신여기지 말라 너희에게 말하노니 저희 천사들이 하늘에서 하늘에 계신 내 아버지의 얼굴을 항상 뵈옵느니라"고 말씀하셨다.

하나님 앞에 서라

천사들은 항상 하나님의 임재를 의식하고 있다. 그것이 바로 하나님을 섬기는 천사들의 비결이다. 엘리야의 경우에도 마찬가지였다. 길르앗에 우거하던 엘리야가 갑자기 세상으로 뛰쳐나왔을 때, 아합에게 "나의 섬기는 이스라엘 하나님 여호와의 사심"왕상 17:1, 18:15을 가리켜 맹세할 수 있었다.

엘리야가 하나님 앞에 서기를 거절하고 오히려 죽기를 구하였을 때, 하나님은 그가 하나님 앞에 다시 서기 전까지 도구로 사용하실 수 없었다. 자포자기한 엘리야에게 하나님은 "너는 나가서 여호와의 앞에서 산에 섰으라"왕상 19:11고 말씀하셨다.

그러나 그는 동굴 속에 숨었다. 크고 강한 바람이 불고 지진이 일어나며 불이 났지만 그는 여전히 하나님을 피해 숨었다. 그런데 "불 후에 세미한 소리가 들렸다" 왕상 19:12.

　엘리야는 하나님이 자기를 버리셨다고 생각했기에 두려워했을까? 소리를 들은 엘리야는 겉옷으로 얼굴을 가리고 숨어 있던 굴 어귀로 나가 섰다.

　그는 다시 한번 하나님 앞에 선 것이다. 그제서야 하나님이 말씀하시고 그를 사용하실 수 있었다.

　이것은 모두 성경에 나오는 이야기이다. 우리가 하나님 앞에 서 있다는 사실을 의식할 때 그분의 도움과 위로와 능력을 얻을 수 있다. 그러므로 원치 않는 일이나 달갑지 않은 일 또는 막대한 임무를 떠맡게 되었을 때 나는 거듭 하나님 앞에 선다. 그리고 나는 하나님 앞에 서 있다고 조용히 나 자신을 일깨운다.

주님이 바라시는 것

　우리는 도우시는 하나님께 진정으로 감사한다. 그러나 감사하는 삶이 승리하는 삶은 아니다. 그리스도를 믿지 않는 사람도 하나님의 도움을 받을 수 있다.

　전쟁 중 수송선 한 척이 지중해에서 어뢰를 맞아 가라앉고 있었다. 한 영국 군인이 겁에 질려 이리저리 돌아다니며 어쩔 줄 몰라 했다. 그때 한 힌두교도가 그 군인의 어깨에 손을 얹고 하늘을 가리키며 "여보게, 저 하늘에 하나님이 있잖나!"라고 말했다.

　힌두교도의 말로 군인은 어느 정도 진정할 수 있었지만 공포가 완전히 없어진 것은 아니었다.

하늘에 계신 하나님을 생각하는 것은 천사들에게나 성도들(특히 오순절 이전의 그리스도인)에게 힘이 된다. 그러나 승리하는 삶을 바라는 그리스도인에게는 그 이상의 것이 필요하다.

그래서 주 예수는 우리에게 그 이상의 것을 약속하셨다.

그렇다면 하나님의 임재 방식이 옳은가 아니면 그른가? 분명 그것은 어디까지나 옳다.

아무도 나만큼 큰 도움을 깨달은 자는 없을 것이다. 어찌 되었건 우리가 그리스도 안에 있다는 것과 하나님이 우리 주변에, 우리 가까이에 계시다는 것을 상기하는 것이 도움이 될 것이다.

우리 안에 거하시는 그리스도

주님이 가장 바라시는 것은 그분이 우리 안에 계시다는 것을 우리로 하여금 깨닫게 하는 일이다.

주님은 제자들이 아버지께서 그분 안에 계시고 그가 아버지 안에 있다는요 10:38 것을 믿게 하려고 애쓰셨다. 또한 주님은 스스로 아무 일도 할 수 없다고 말씀하셨다요 5:19, 30. 이처럼 우리도 그리스도 없이는 스스로 아무 일도 할 수 없다. 하나님은 우리 안에 들어와 거하시는 그리스도의 영을 통해 일하신다.

예수 그리스도는 다음과 같이 매우 분명하게 말씀하셨다.

"아버지께서 나를 세상에 보내신 것같이 나도 저희(제자들)를 세상에 보내었고" 요 17:18.

"그날(오순절)에는 내가 아버지 안에 너희가 내 안에 내가 너희 안에 있는 것을 너희가 알리라" 요 14:20.

그렇다면 어떻게 예수 그리스도가 우리 안에 거하시게 할 수 있는가? 그리고 우리가 주를 모시고 있는 것과 주의 부활의 능력을 어떻게 알 수 있는가?

로렌스 수사는 어떻게 하나님이 늘 함께하신다는 것을 깨달았을까? 또 그 사실을 어떻게 늘 기억할 수 있었을까? 그는 단지 하나님께 자신을 완전히 복종시켰을 뿐이다. 그러한 복종 없이는 하나님의 임재를 실제로 깨달을 수 없다.

로렌스 수사는 이렇게 말했다.

하나님의 임재를 느끼기 위해서는 우리의 마음을 완전히 비워야 합니다. 그래야만 하나님께서 우리 마음을 차지하실 수 있습니다. 우리 안에 있는 잡다한 것들을 모두 제거해야만 하나님 한 분만이 거하실 수가 있습니다. 우리 마음을 하나님께 비워 드리지 않으면 하나님이 뜻대로 하실 수가 없습니다.

그는 다음과 같이 기도했다.

나의 하나님, 저의 모든 것을 바치나이다. 주여 저로 하여금 당신의 뜻에 합당한 삶을 살게 하소서.

그 결과 그는 30여 년 간 하나님 안에서 영혼이 소성하는 기쁨을 누렸다. 그리고 그의 기쁨이 무절제하게 밖으로 표출되지 않도록 자신의 감정을 추스려야만 했다.

내가 만일 설교가라면 무엇보다 먼저 하나님의 임재를 느끼는 법에 대해 이야기했을 것입니다. 우리가 하나님 앞에 서 있다는 사실을 아는 것은 매우 쉬우면서도 중요한 일이기 때문입니다.

그리스도가 우리를 죄에서 구원하셨다는 사실을 받아들이는 것만으로는 승리하는 삶을 살 수 없다.

신실한 많은 그리스도인들이 승리하는 삶을 살지 못하고 있다. 죄의 본성과 정욕이 그들 안에서 완전히 사라지지 않았기 때문이다. 이러한 죄의 요소들이 남아 있는 한 그들의 삶은 세상 사람들의 삶과 거의 다를 바 없다.

그러므로 우리는 그리스도 앞에 자아를 복종시키고 모든 자범죄로부터 벗어나기를 갈망해야 한다. 믿음으로 그리스도를 바라보고 그분을 우리의 삶의 주인으로 모실 때 우리 안에 있는 죄의 본성을 제거할 수 있다.

"예수 그리스도가 당신을 온전히 다스리지 않는 한 결코 승리하는 삶을 살 수 없습니다."라고 윌버 채프먼Wilbur Chapman은 말했다.

주님이 우리를 온전히 주관하실 때 승리하는 삶을 살 수 있으며, "그런즉 이제는 내가 산 것이 아니요 오직 내 안에 그리스도께서 사신 것이라"는 고백을 할 수 있다.

그리스도가 우리를 다스리실 때 우리는 비로소 거룩해진다. 주께 기꺼이 복종하겠는가? 우리의 삶을 전적으로 주님의 손에 내어 맡기겠는가?

"예."라고 대답할 때 우리는 승리하는 삶을 살 수 있다.

How to Live the Victorious Life

승리의 삶을 산
위대한 그리스도인

윌리엄 윌버포스

윌리엄 윌버포스 William Wilberforce 1759-1833

윌버포스는 불굴의 신념을 가지고 부패한 사회를 개혁하는 데 헌신한 19세기 영국의 양심이다. 그는 끈질긴 투쟁 끝에 노예 무역을 근절시키는 법안을 통과시켰고 의회를 개혁하는 동시에 복음주의자 그룹의 중심 인물로서 해외 선교 운동에서도 크게 활약하였다.

어린 나이에 아버지를 여읜 윌버포스는 숙부와 살았는데, 그 숙부의 친구 중의 한 사람이 바로 노예 상인이었다가 회심하고 목회자가 된 존 뉴턴(John Newton)이었다. 자연스럽게 복음주의 신앙에 영향을 받으며 성장한 그는 1780년 하원 의원에 당선되어 정치에 뛰어들었다. 영국 상류 사회에서 가장 눈에 띄는 엘리트 신사였던 그는 26세 무렵 확고한 회심을 경험하였고, 그 이후 그리스도인의 길이 아니라고 생각되는 이전의 습관을 철두철미하게 버렸다. 1787년 그가 기록한 일기를 보면 그가 어떠한 삶을 살고자 결심했는지 알 수 있다.

전능하신 하나님이 내게 두 가지 목표를 주셨다. 하나는 노예 무역을 폐지하는 것이고, 다른 하나는 잘못된 인습을 타파하는 것이다.

노예 제도 반대 전단

노예 무역 폐지를 위한 그의 노력은 눈물겨운 것이었다. 당시 영국의 노예 무역은 식민지 산업의 기둥이었고 해군력 증강 등 국가 안보에도 큰 공헌을 하고 있어 폐지시킨다는 것은 현실적으로 불가능하였다. 그러나 윌버포스는 기득권층의 갖은 모략과 위협에도 불구하고 시와 노래, 사진 판매, 불매 운동, 탄원서 제출, 책자 출간 등 다양한 방식을 통해 폐지 운동을 펼쳐 나갔다.

매력적인 목소리의 달변가였던 그는 150번이나 되는 대의회 논쟁 끝에 1807년, 결국 영국 하원을 설득시켜 노예 무역 금지법을 통과시켰다. 그는 거기에서 멈추지 않고 아예 노예 제도 자체를 폐지하려는 노력을 이어 갔다. 하나님은 그의 노력을 외면하지 않으셨고 1833년, 윌버포스가 눈을 감기 열흘 전 의회로 하여금 노예 제도를 영원히 폐지하는 법안을 통과시키도록 인도하셨다.

한때 수상직을 계승할 만한 인재라고 평가받던 윌버포스는 그리스도를 위해 살기로 결심한 날부터 개인적인 야망을 버렸다. 일생 동안 그는 영광보다는 오욕과 수치를 당할 때가 더 많았다. 그러나 그는 전적으로 하나님을 의지하고 기도함으로써 해결책이 없어 보이던 사회악을 조금씩 타개해 나갈 수 있었다. 매일 아침 기도와 말씀을 묵상하는 일을 게을리하지 않았던 그는 젊은 날 받은 소명을 숨이 끊어지는 날까지 간직하고 이루어 나간, 진정으로 세상을 이긴 승리의 그리스도인이었다.

영국 하원에서 연설하는 윌버포스

우리의 죄에 대해 용서를 구할 뿐 아니라 하나님의 도움으로 세상, 육신, 마귀와의 관계를 끊고 우리를 살리셔서 새 생명 가운데서 행하도록 하시는 하나님을 믿음으로 바라보아야 한다.

7

Buried With Christ

그리스도와
함께 장사되다

그리스도와 함께 장사되다

우리의 죄에 대해 용서를 구할 뿐 아니라 하나님의 도움으로 세상, 육신, 마귀와의 관계를 끊고 우리를 살리셔서 새 생명 가운데서 행하도록 하시는 하나님을 믿음으로 바라보아야 한다.

"내 생애에서 가장 안타까웠던 순간은 어느 신실한 불교도 청년이 '그리스도를 믿고 싶어요. 그런데 그리스도를 믿는다고 고백하는 사람들에게서 그리스도를 발견한 적이 없어요. 보지도 못한 사람을 어떻게 믿겠어요?'라고 말하는 것을 들었을 때입니다."라고 최근 어느 선교사 한 분이 말했다.

그 청년이 당신을 보고서도 같은 말을 할까? 우리는 어떻게 해서든지 그리스도가 우리 안에 충만하도록 해야 한다.

성령의 주요 사역

성령의 주요 사역은 그리스도를 계시하는 것이다. 우리는 "오 하나님, 성령으로 충만케 하옵소서."라고 곧잘 기도한다. 기도회에서도 그와 같은 기도를 종종 듣지만 기도의 응답은 보기 드물다. 그 이유가 무엇일까? 하나님을 탓해야 할까 아니면 우리 자신을 탓해야 할까?

"그가 내 영광을 나타내리니 내 것을 가지고 너희에게 알리겠음이니라"고 그리스도는 말씀하셨다. 그러므로 성령이 하시는 일은 곧 우리 안에 "그리스도의 형상이 이루어"갈 4:19지게 하는 것이다. 하나님이 우리의 기도에 응답하시고 우리 안에 성령이 충만케 하신다면 우리는 내주하시는 그리스도를 분명히 깨닫게 될 것이다. 마찬가지로 다른 사람들도 그렇게 될 것이다.

나는 요한이 쓴 복음서와 서신서를 수차례나 반복해 읽었으면서도 그리스도가 내 안에 계시다는 사실을 깨닫지 못했음을 고백한다. 그토록 오랫동안 주님이 내 안에 계셨는데도 나는 그것을 몰랐던 것이다. "그리스도의 영이 없으면 그리스도의 사람이 아니라"롬 8:9. 그러나 주 예수께서 전적으로 나를 다스리게 하지 못했다. 나뿐 아니라 많은 그리스도인이 이와 같은 상황에 처해 있을 것이다.

많은 사람이 20년, 30년 혹은 40여 년 간 승리하는 삶을 얻기 위해 애써 왔지만 허사였다고 편지로, 말로 내게 털어놓았다. 어느 목사님이 "여러 해 동안 이 일로 얼마나 괴로워했는지 모릅니다. 목사라는 사람이 이 모양이니 어떻게 교인들에게 승리하는 삶을 살라고 말할 수 있겠습니까? 어떻게 하면 승리하는 삶을 살 수 있을까요? 그 방법을 가르쳐 주십시오."라는 편지를 보내 왔다.

어떻게 승리하는 삶을 살 수 있을까? 우리가 아무리 노력하고 애를 써도 실패로 끝날 수밖에 없는 일을 오직 그리스도께 맡김으로써이다.

우리 스스로의 노력으로는 그 어떤 죄도 이길 수 없다. 그리스도만이 죄를 이기실 수 있기 때문이다. 그리스도는 자신을 위해 죄를 정복하지 않으셨다. 마귀는 그 안에 발 붙일 곳이 없다. 그리스도는 여러분과 나를 위해 죄를 정복하셨다. 그리스도가 이미 우리에게 명하시는 것은 그리스도의 승리에 동참하라는 것이다. 영적 성장은 우리 힘으로 되는 일이 아니다. 그것은 그리스도가 하실 일이다. 그렇다면 그리스도는 어떻게 죄를 이기셨을까?

드러난 하나님의 비밀

사도 바울은 대대로 감추어져 있다가 나타난 하나님의 크신 비밀이 있다고 말한다. 어떤 비밀인가? "너희 안에 계신 그리스도시니 곧 영광의 소망이니라"골 1:27. 하나님은 "각 사람을 그리스도 안에서 완전한 자로 세우시기 위해"골 1:28 이 비밀의 영광이 어떻게 풍성한지 알게 하셨다.

다른 종교는 그들의 신을 인간의 속성과 정욕을 가진 인간의 수준으로 끌어내리려고 애썼다. 그리스도는 친히 인간의 몸으로 세상에 오셨고 인간과 함께 세상에 사셨다. 임마누엘, 즉 하나님이 우리와 함께 계신 것이다. 지존 무상하시며 영원히 거하며 거룩하다 이름하는 자가 높고 거룩한 곳에 거하며 또한 통회하고 마음이 겸손한 자와 함께 거하는 것은 겸손한 자의 영을 소성케 함이라고 한 말씀사 57:15은 얼마나 놀라운 말씀인가! 그리스도는 우리에게 오셔서 우리를 신의 성품에 참예케 하셨을 뿐 아니라 우리 안에 직접 거하신다.

주는 우리의 머리요 우리는 그의 몸이다. 주는 포도나무요 우리는 가지이다. 따라서 주의 생명은 우리 안에 거한다.

우리 안에 거하는 그리스도의 생명이 승리하는 삶, 풍성한 삶, 죄를 정복하는 삶의 비결이다. 우리는 이러한 비밀을 어떻게 이해할 수 있을까?

나와 마찬가지로 많은 사람이 로마서 6:1-3을 주의깊게 읽고 묵상하는 가운데 그 비밀을 터득했다.

"그런즉 우리가 무슨 말하리요……그리스도 예수와 합하여 세례를 받은 우리는 그의 죽으심과 합하여 세례를 받은 줄을 알지 못하느뇨."

그리스도 예수와 함께 세례를 받았다는 것이 무슨 뜻인가? 바울은 거듭해서 그리스도인들은 "그리스도 안에 있다."고 말해 그리스도로 옷 입었다는 것을 상기시킨다. 언제 이러한 일이 일어날까? 우리가 예수 그리스도를 구세주로 영접하는 순간 일어난다. 세례는 그리스도가 제정하신 의식으로 우리가 그리스도와 연합하였음을 상징한다.

그리스도를 영접할 때

새 생명, 즉 위로부터 온 생명은 우리가 그리스도를 영접할 때 얻어지는 신비한 생명이다. 그리스도를 구세주로 받아들이는 순간 우리는 그분의 일부가 된다. 바울 당시의 세례는 그리스도인이 되었다는 것을 공포함과 동시에 그리스도와 하나가 되었다는 것을 상징했다. 즉 그리스도의 지체가 됨으로써 그의 몸의 일부가 되었음을 알렸다.

이렇듯 그리스도의 생명이 우리의 생명이 되었을 때 우리는 "우리 생명이신 그리스도"골 3:4라는 고백을 하게 된다. 이것은 반드시 기억해야 할 진리이다.

노년에 뒤늦게 그리스도를 영접한 어느 할머니는 찬양과 간증을 멈추지 않았다. 어느 날 할머니의 친구가 "구세주에 대한 믿음이 대단하군. 나라면 너 같은 확신을 가질 수 없을 거야. 그분이 혹시 네 손을 놓치기라도 하면 어쩌지? 그런 생각을 해봤나?" 하고 물었다.

그러자 할머니는 "내가 그분 손의 일부가 되었는데 놓치다니?"라고 대답했다. 맞는 말이다. 할머니는 믿음을 통해 그리스도의 지체가 되었기 때문이다. 그 할머니가 그렇게 말할 수 있었던 것은 모든 사실이 성경에 쓰여 있었기 때문이다.

죄인이었던 내가 하나님의 은혜로 말미암아 구원을 얻고 주 예수 그리스도의 일부가 되었다는 사실은 말로 표현할 수 없을 정도로 놀랍다.

우리가 그리스도의 일부가 되었다는 말에 대해 우려를 나타내며 "당신이 말하는 것은 우리 모두 작은 신들Little gods이라는 뜻으로 말씀하시는 것은 아니겠지요?" 하고 묻는 사람이 있을지도 모른다. 물론 아니다. 그것은 다만 우리 안에 살아 계신 위대한 하나님이 우리를 그분의 지체로 만드셨다는 사실을 안다는 것이다.

그리스도와 합하여 세례를 받음

"무릇 그리스도 예수와 합하여 세례를 받은 우리는 그의 죽으심과 합하여 세례받은 줄을 알지 못하느뇨"라는 말씀의 의미를 알고 있는가? 나는 오랫동안 이 말씀의 의미를 깨닫지 못했다.

"아담 안에서 온 인류가 죽는다." "아담은 오실 자의 표상이라"롬 5:14는 말씀은 많이 들었다. 이 말씀에는 우리가 그리스도의 죽음에 동참했다는 뜻이 내포되어 있다. "내가 그리스도와 함께 십자가에 못 박혔다"는 바울의 말처럼 모든 그리스도인은 그리스도와 함께 십자가에 못 박혔다.

"그러므로 우리가 그의 죽으심과 합하여 세례를 받음으로 그와 함께 장사 되었나니" 롬 6:4.

사도 바울은 세례를 염두에 두고 이 말을 했다. 따라서 세례는 장사되는 것을 상징했다(물론 앞서 죽음이 있어야 함). 즉 물 속에 잠길 때 죽음과 장사를 생각하게 된다. 그것은 옛 사람의 죽음이요 죄에 대한 죽음이다. 그러므로 그 이후로 죄는 그리스도인, 즉 죽은 자에 대해 아무런 영향력을 발휘하지 못하며 지배하지도 못하게 된다.

"이는 죽은 자가 죄에서 벗어나……너희도 너희 자신을 죄에 대하여는 죽은……자로 여길지어다……죄가 너희를 주관치 못하리니" 롬 6:7-14.

죄는 그리스도를 붙들 수 없었다. 그러므로 우리가 그리스도 안에 있으면 죽음이 우리를 붙들지 못한다. 죽음과 장사 후에는 무엇이 있을까?

"이는 아버지의 영광으로 말미암아 그리스도를 죽은 자 가운데서 살리심과 같이 우리로 또한 새 생명 가운데서 행하게 하려 함이니라" 롬 6:4.

예수 그리스도는 스스로 부활하지 않으셨다. 하나님이 부활시키셨다. 하나님이 그리스도를 죽은 자 가운데서 살리셨다는 말을 우리는 종종 들는다. 그리스도를 살리신 하나님의 능력이 우리에게 주어졌다. 나약하더라도 우리 나름대로의 노력이 필요하다는 생각은 아예 하지 말라.

사도 바울은 그 당시의 그리스도인들이 이와 같은 진리를 깨닫기를 갈망했다. 그래서 그는 "너희 마음 눈을 밝히사 그의 부르심의 소망이 무엇이며 성도 안에서 그 기업의 영광의 풍성이 무엇이며 그의 힘의 강력으로 역사하심을 따라 믿는 우리에게 베푸신 능력의 지극히 크심이 어떤 것을 너희로 알게 하시기를 구하노라"엡 1:18고 기도했다.

바울이 말한 능력이란 어떤 것인가? 그것은 바로 '그리스도 안에서 역사하사 죽은 자들 가운데서 그리스도를 살리신 능력'이다. 하나님이 바로 그 능력을 우리에게 주신다.

하나님이 주신 능력

이 얼마나 놀라운 일인가? 하나님이 우리에게 주신 능력이 무엇인지 알고 있는가? "또한 모든 것을 해로 여김은 내 주 그리스도 예수를 아는 지식이 가장 고상함을 인함이라……내가 그리스도와 그 부활의 권능과 그 고난에 참예함을 알려 하여……"빌 3:8, 10라고 바울은 말했다. 바울의 말처럼 우리가 세상의 모든 장애물을 제거할 때 그리스도 안에 있는 이 능력을 얻을 수 있다.

우리는 어떻게 그리스도와 그 부활의 권능을 알 수 있을까? 죄에 대하여 죽으신 그리스도와 함께 장사되면 된다. 즉 우리의 죄에 대해 용서를 구할 뿐 아니라 하나님의 도움으로 세상, 육신, 마귀와의 관계를 끊고—모든 죄를 버림으로써—우리를 살리셔서 새 생명 가운데서 행하도록 하시는 하나님을 믿음으로 바라보아야 한다.

주님에게 그 죽음과 부활은 무엇을 의미했는지 알아보자. 완전한 하나님이시며 완전한 인간이셨던 그리스도가 십자가에 못 박히셨다. 세상의 모든 죄가 그분에게 지워졌다.

하나님은 결코 죽으실 수 없으며 죄를 지으실 수도 없다. 그래서 완전한 인간이신 예수 안에 있던 하나님의 영이 그 몸에서 떠나 갔다. "영혼이 돌아가시니라" 요 19:30.

흙으로 빚어진 육신을 소유하신 예수님은 십자가에 달리신 후 장사되었다. 그러나 3일 만에 하나님은 그분을 살리셨다.

대체 어떠한 변화가 일어난 것일까? 하나님의 영이 예수 그리스도의 죽은 몸에 들어온 것이다. 그리하여 하나님이시며 인간이셨던 예수님이 부활하셨다.

하나님이 바라시는 것은 우리가 그리스도와 함께 죽고 그리스도와 함께 부활하는 것이다. 우리가 진정 자신을 죄에 대하여 죽고 그리스도와 합하여 세례를 받은 자로 여길 때, 우리 안에 계신 그리스도를 바라볼 수 있으며 새 생명 가운데 거할 수 있다.

이제 우리 생명은 우리 것이 아니고 믿음에 의해 우리 안에 거하시는 그리스도의 생명이다. 이제 우리도 바울과 같이 "내가 그리스도와 함께 십자가에 못 박혔나니 그런즉 이제는 내가 산 것이 아니요 오직 내 안에 그리스도께서 사신 것이라" 갈 2:20고 겸손히 고백할 수 있다.

얼마나 영광된 특권인가! 또한 얼마나 막중한 책임인가! "그 아들을 이방에 전하기 위하여 그를 내 속에 나타내시기를 기뻐하실 때……" 갈 1:16.

자아가 죽을 때

앞의 모든 것을 이해할 수 있는가? 모두 성경에 기록된 내용이다. 그러나 하나님이 어떻게 역사하시는지 꼭 알 필요는 없다. 다만 우리 안에서 행하시는 하나님을 찬양하고 믿으라.

가장 중요한 문제는 이것이다. 즉 우리가 과연 모든 죄를 버리고 주께 나의 삶(나 자신은 물론 재능, 재물, 일, 미래 등)을 모두 맡길 것인가 하는 것이다. 나는 기꺼이 나 자신을 그분에게 온전히 맡기는가?

윌버 채프먼은 유명한 선교사였지만 꽤 오랫동안 자기의 앞날을 그리스도께 선뜻 맡기지 못했다. 마이어F. Meyer가 그에게 "소원을 부여받기 원하십니까?"라고 물었다. 채프먼은 그리스도께 자신이 소원을 부여받기 원한다고 말씀드렸다. 그 순간 그의 모든 어려움이 사라졌다.

그렇다. 우리 자신을 주께 내어 맡기는 일까지도 주께 의탁해야 한다. 그리스도도 스스로 십자가에 못 박히고 장사되지 않았다. 우리 또한 스스로 자신을 십자가에 못 박을 수 없다. 그러나 우리가 자기를 비울 때 그리스도가 우리를 십자가에 못 박으신다. 그리고 우리를 살리셔서 새 생명 가운데서 행하게 하신다. 여러분과 나를 위한 십자가에는 자아가 못 박힌다.

복종은 절대적이고 전적이어야 한다.

여러분은 자기 아들인 아킬레우스를 불사신으로 만들기 위해 스틱스 강물에 담근 여인의 이야기를 기억하고 있을 것이다. 그러나 그녀가 붙잡았던 발꿈치 부분은 강물에 적셔지지 못했다. 그래서 아킬레우스의 발꿈치는 조금만 다쳐도 목숨을 잃는 급소가 되었다. 이 신화에서 한 가지 진리를 깨우칠 수 있다.

우리가 그리스도와 합하여 세례를 받은 후에 전적으로 복종하지 않으면 취약점이 생기게 된다. 우리가 그리스도를 구세주로 영접하는 것을 사탄이 볼 때, 그는 우리 몸의 아주 작은 부분이라도 붙잡으려고 애를 쓸 것이다. 그래서 아킬레우스의 발꿈치와 같은 부분을 통해 우리에게 영향력을 발휘하기 원한다.

다시 말해 우리가 전적으로 주께 복종하지 않고 조금이라도 남겨 둔 부분이 있다면 사탄은 그것을 통해 우리를 멸망시킬 것이다. 그리스도인이 주께 온전히 순종하는 것만 저지시키면 그들의 승리하는 삶도 막을 수 있다는 것을 사탄은 알고 있다.

성령 충만의 길

성령 충만한 사람은 강한 능력을 지닌다. 그러나 삶의 아주 작은 부분이라도 주께 내어 맡기기를 거부할 때 그 능력은 사라진다.

또한 주께 순종하기를 지체할 때에도 그 능력은 사라진다. 만일 우리가 기쁜 마음으로 온전히 주께 순종하면 주께서 우리 안에 성령이 충만케 하실 것이다.

하나님께 모든 것을 내어 맡기고 그분만이 내 안에 거하시도록 할 수 있는가? 예수 그리스도는 삶 전체의 구주이시며 동시에 삶 하나하나의 구주이시다.

승리의 삶을 산
위대한 그리스도인

얀 후스

얀 후스 Jan Hus 1369경-1415

독일의 종교 개혁자 마르틴 루터(Martin Luther)보다 한 세기나 먼저 고달픈 혁명가의 길을 걸은 후스는 말하자면 시대를 앞서간 사람이자 새로운 한 시대를 연 인물이라고 할 수 있다.

보헤미아(지금의 체코)에서 가난한 농부의 아들로 태어난 후스는 사실 안정된 생활 기반을 위해 사제가 되기를 희망했다. 그러나 신학 수업 과정에서 변화를 경험하면서 열정적인 진리의 탐구자요 신학자로 거듭났다. 그에게 가장 영향을 끼친 신학자는 성경에 입각해 기존 교회 질서를 준엄하게 비판하고 개혁을 부르짖었던 영국의 종교 개혁자 위클리프(John Wycliffe)였다. 후스는 위클리프의 사상을 모방하는 것에서 그치지 않고 그것을 신자의 삶과 교회의 현장에 실제적으로 적용시켰다.

후스는 보헤미아의 수도 프라하에서 가장 영향력 있던 교회, 베들레헴 교회의 설교자로 지명되었다. 그는 라틴어가 아닌 모국어, 즉 체코어로 설교를 행하면서 단순 명쾌하게 교회 개혁의 메시지를 전했다. 또한 민중이 이해할 수 있는 언어로 성경이 읽혀져야 함을 강조하고 체코어 성경 번역을 서둘렀다. 독일 문화가 주도적이었던 당시 보헤미아 사회에서 후스의 모국어를 중심으로 한 신학 운동은 대중의 열렬한 지지를 받았다.

프라하 구시가지 광장에
세워져 있는 후스 기념 동상

1409년 프라하 대학의 총장에 취임한 후스의 설교는 교회 개혁과 신랄한 사회 비판의 내용을 담고 있음에도 평민으로부터 왕족에 이르기까지 청종하도록 만들었다. 그러나 그의 비판이 면죄부 판매에까지 닿자 교황, 왕, 귀족, 교회 지도자들은 강력히 반발하였고 급기야 후스는 모든 교회 활동을 금지당하기에 이르렀다.

1414년 그는 결국 콘스탄츠 공의회에 소환되었고, 그곳에서 자신의 주장을 내세우거나 대화할 기회조차 갖지 못한 채 바로 이단 선고를 받았다. 1415년 7월 6일 화형대에 오른 그는 숨이 끊어지는 순간까지 큰 소리로 찬송을 불렀다. 그렇게 자신이 확신한 진리에 신실하였던 그는 죽음 앞에서도 세상에 무릎 꿇지 않았다. 그가 콘스탄츠의 감옥에서 드린 기도를 살펴보면 그가 두려움 가운데서도 하나님께 자신을 전적으로 맡김으로써 자신이 믿는 바를 굽히지 않을 수 있었음을 알 수 있다.

나는 비록 약하나 당신의 뒤를 좇도록 이끌어 주소서. 나의 영혼을 강건케 하셔서 기꺼이 감당하도록 하소서. 만약 육신이 약하거든 당신의 은혜로 앞장을 세우소서. 은혜가 당신과 나 사이에 그리고 내 뒤에 따르게 하소서. 당신이 아니시면 당신을 위하여 잔인한 죽음을 감당할 수 없나이다. 나에게 두려움이 없는 심장과 올바른 신앙과 요동치 않는 소망과 완전한 사랑을 주시옵소서. 당신을 위해 인내와 기쁨으로 저의 생명을 바치게 하옵소서. 아멘.

화형대로 끌려가는 후스

주께 드리라. 또 주께 맡기라.
그리고 믿음 안에서 그리스도를 바라보라. 하나님이 모든 일을 하실 것이다.
자아를 십자가에 못 박고 주의 부활의 생명에 동참할 수 있도록 주 예수께 기도하라.

8
Surrender All to Christ

그리스도께
모든 것을 드리라

그리스도께 모든 것을 드리라

주께 드리라. 또 주께 맡기라.
그리고 믿음 안에서 그리스도를 바라보라. 하나님이 모든 일을 하실 것이다.
자아를 십자가에 못 박고 주의 부활의 생명에 동참할 수 있도록 주 예수께 기도하라.

승리하는 삶을 시작하기 전에 필요한 두 가지는 순종과 믿음이라고 거듭 말한 바 있다. 즉 우리의 입장에서는 하나님을 향한 순종이 필요하고 하나님의 입장에서는 우리의 믿음이 필요하다. 무엇보다 우리가 아는 모든 죄와 자기 의지를 하나님의 손에 전적으로 맡겨야 한다. 그러고 나서 하나님을 믿음의 눈으로 바라보아 우리를 성결케 하시도록 해야 한다.

사람들에게 '하나님께 드린다.'는 의미를 이해시키는 것은 매우 어렵다. 설사 그것을 이해시켰다고 하더라도 그것이 그들에게 유익하다는 사실을 인정하게 하는 것은 더욱 어렵다.

일주일 전 나는 한 그리스도인 친구에게 업무상 편지를 보내면서 "자네는 모든 것을 그리스도께 드렸는가?"라는 질문을 곁들였다. 다음날 그 친구가 나를 찾아왔다. 그는 공손하고 나무랄 데 없었지만 단호했던 한 동료 그리스도인의 행동 때문에 아주 기분이 상한 상태였다. 5분 동안 그는 화를 내고 비난을 퍼붓고 잘잘못을 따졌다. 그러고 나서 방을 나서던 그가 갑자기 생각난 듯 발걸음을 멈추고 이렇게 물었다. "자네 편지 속에 내가 주께 모든 것을 맡기지 않은 듯한 암시가 담겨 있던데 무슨 근거에서지? 난 전적으로 그리스도께 드렸다네." 그는 드린다는 의미를 모르고 있음이 분명했다. 그런데도 그는 자신의 신앙에 매우 만족하고 있는 듯했다.

주께 드린다는 것은 무슨 뜻인가

이 책을 읽는 많은 독자도 자신의 신앙에 대해 만족하고 있을지 모른다. 그러나 알다시피 많은 사람이 여러 해 동안 추구했으나 얻지 못한 승리하는 삶을 갈망하고 있다.

당신은 주께 모든 것을 드렸는가? 드린다는 것은 무슨 뜻인가? 우리가 진정 주께 모든 것을 드리기를 원한다면 세 가지, 즉 과거, 현재, 미래의 모든 것을 드려야 한다. 주께 드린다는 것에 자아의 포기가 담겨 있다.

"너희 지체를 의의 병기로 하나님께 드리라" 롬 6:13.

어느 미국 성직자가 이렇게 말했다.

캠벨 몰간 Campbell Morgan이 이곳에 와서 설교를 한 이후 40여 년에 걸친 저의 설교가 무의미해진 것을 아십니까? 40여 년 동안의 설교를 통해 저는 희생의 의무, 즉 자기의 소유를 하나님께 드리는 것만을 강조했습니다. 그리고 그것을 가정에서부터 실천했습니다. 이를테면 한 주일 동안 아끼고 모아 둔 것을 하나님의 일을 위해 쓰곤 했습니다. 이러한 생활은 계속되었습니다. 그러나 캠벨 몰간의 말에 따르면 우리가 포기하고 주께 드려야 하는 것은 물질이 아니라 바로 우리 자신이라고 합니다. 우리가 지금까지 주께 드리지 못한 것은 바로 우리 자신이라고 합니다. 우리가 많은 것을 주께 드렸지만 정작 우리 자신은 드리지 못했던 것입니다. 그러면서도 우리는 자신이 겸손하다고 생각하며 자족해 왔습니다.

이제 우리 자신을 돌아보자. 과연 하나님께 모든 것을 드릴 준비가 되어 있는가?

과거를 드리라

"과거는 이미 묻혀 사라지지 않았나요?"라고 당신은 말할 것이다. 그러나 전혀 그렇지 않다. "과거의 죄를 용서받았지만 아직도 그것들이 우리의 목을 짓누르고 있습니다."라고 어느 사역자가 말했다. 이런 일이 있어서는 안 된다. 당신은 과거를 완전히 떠나 보낼 준비가 되었는가?

어느 여선교사가 자기는 그리스도를 통한 승리를 갈망하면서도 마음의 짐을 떨치지 못해 괴롭다고 고백했다. 그 이유를 물었더니 "과거에 지은 죄 때문입니다."라고 대답했다.

"하나님은 과거의 죄를 용서해 주셨습니다. 모두 도말되었지요. 그런데 어떻게 그것들이 당신을 괴롭힐 수 있겠습니까?"

"제가 어떤 죄를 지었는지 모르고 하는 말씀입니다. 생각만 해도 끔찍한 과거예요."라며 울먹였다.

그러나 그녀가 하나님께 과거를 완전히 맡기자 축복이 임했다. 그리고 나서 『너희 죄 사해 주사 기억 아니하신다』라는 찬송을 불렀다.

"내가 저희 불의를 긍휼히 여기고 저희 죄를 다시 기억하지 아니하리라"
히 8:12, 10:17.

그런데도 우리는 왜 과거의 죄를 기억하려 하는가? 이미 사함받은 죄를 기억하는 것이 우리에게 무슨 유익이 되겠는가?

하나님이 우리를 어떻게 구원하셨는지 생각해 보면 그분을 찬양하지 않을 수 없다. 지난날들을 굳이 돌아보지 않더라도 하나님의 영광된 이름을 찬양할 이유는 얼마든지 있다. 과거에 죄를 지었던 것은 유감스러운 일이다. 그러나 과거의 죄로 지금 찬양할 수 없는 것은 끔찍하다.

예를 들어 당신이 아들의 죄를 용서했는데도 아들이 몇 날, 몇 주, 몇 달, 몇 해 동안 죄책감으로 슬퍼하고 괴로워한다면 어떻겠는가? 그러나 많은 사람이 하나님의 용서를 받고 난 후에도 죄책감을 떨쳐 버리지 못하고 있다. 자기 성찰은 필요하지만 이렇듯 과거로 인해 계속 슬퍼한다면 현재마저 파괴하게 된다.

시몬 베드로를 보라. 그는 맹세와 저주로 주님을 부인했다. 그러나 주님은 베드로를 용서하셨고 원상태로 회복시키셔서 주님의 일꾼으로 사용하셨다. 열한 제자 가운데 가장 크게 실족했던 사람이 오순절에 연사로 택함을 받았다. 베드로가 자기와 동일한 죄, 즉 주님을 배반한 유대인들을 당당히 나무랐던 것을 보면 그는 과거에 저질렀던 죄에 매달려 현재의 일을 망치지 않았음을 알 수 있다.

유대인들을 향하여 베드로는 "너희가 거룩하고 의로운 자를 부인하고……"행 3:14라고 외쳤다. 여러분의 과거의 죄는 이미 용서받았으니 하나님께 감사하라. 그리고 과거의 기억에 매달려 현재를 망침으로써 하나님을 슬프게 하지 말라. 주님을 바라보는 태도를 잃지 말아야 한다.

"뒤에 있는 것은 잊어버리고……그리스도 예수 안에서 하나님이 위에서 부르신 부름의 상을 위하여 좇아가노라" 빌 3:13-14.

미래를 드리라

당신의 미래를 하나님의 손에 전적으로 맡길 준비가 되어 있는가? 많은 사람은 하나님이 자신을 이용하실 것이라고 생각하는 것 같다. 그들은 하나님이 원하시는 모든 것에 순종하기로 마음 먹으면, 하나님이 그들을 불행하게 만드실 것이라고 생각한다. 그들은 하나님이 우리의 삶을 기쁨으로 가득 차게 하실 것이라는 약속을 믿지 못한다. 그래서 세상으로부터 기쁨을 찾다가 죄를 짓기도 한다.

주 예수님은 제자들에게 "내가 이것을 너희에게 이름은 내 기쁨이 저희 안에 있어 너희 기쁨을 충만하게 하려 함이니라"요 15:11고 말씀하셨다. 이 말씀에는 무슨 뜻이 담겼을까? 우리가 그리스도 안에 거하면서 그의 계명을 지킬 때 주님의 기쁨, 곧 하나님의 기쁨이 넘친다는 것이다.

하나님의 기쁨보다 더 좋은 것을 바랄 수 있겠는가? 그분이 우리 안에 계시고 그분의 생명이 우리 안에 있으니 그분의 기쁨 또한 우리 것이다.

한 말썽꾸러기 꼬마가 어느 날 저녁, 아버지의 무릎에 올라가 이렇게 말했다. "아빠, 오늘 밤부터 아빠가 시키는 대로 할게요." 이에 대해 꼬마의 아버지는 어떤 반응을 보였을까? '옳거니, 이제부터 이 녀석을 내 마음대로 할 수 있군. 어디 혼 좀 나봐라.'고 생각했을까? 절대로 있을 수 없는 일이다. 오히려 아들을 꼭 안은 채 아이의 행복을 위해서는 무슨 일이라도 하겠다고 다짐했을 것이다.

우리가 하나님께 모든 것을 맡길 때 사랑의 하나님은 과연 우리를 이용하려고 하실까? 들은 척도 안하시고 우리를 죄책감 속에 버려 두실까? 하나님은 우리를 행복하게 해주고 싶은 마음뿐만 아니라 능력도 함께 가지고 계신다는 것을 기억하라. 하나님은 우리를 위한 계획을 가지고 계신다. 그러한 하나님이 우리에게 가장 좋은 것이 무엇인지 모르실 리 있겠는가? 그러나 그리스도인들은 하나님이 우리에게 가장 좋은 것을 주시고자 한다는 것을 믿지 않는 경우가 종종 있다.

지난 여름 선교사들의 귀향 파티에서 설교하던 중 나는 나이 든 한 남자의 표정을 보고 충격을 받았다. "왜 저 사람은 저렇듯 참담한 표정을 짓고 있습니까?"라고 물었다.

"저 사람은 중국으로 돌아가 순교하기를 원하고 있답니다. 그러나 선교회에서는 저 사람이 중국에 다시 가는 것을 허락하지 않고 있지요."라고 선교회의 대표가 말했다. 그는 하나님의 헌신된 종이었지만 자신의 앞날을 하나님께 완전히 내어 맡기려 하지 않았던 것이다. 그 결과 기쁨 대신 불만으로 가득 차 있었다. "오 하나님, 여기에 있는 그 누구도 하나님을 두려워하지 않게 하소서!"라던 어느 성도의 기도를 우리도 해야 한다.

당신은 하나님을 두려워하는가? 만일 두려워하고 있다면 당신이 아직도 포기하지 않은 부분이 있기 때문이다. 그러나 하나님은 당신이 그것을 포기하는 것이 그분의 뜻이라는 것을 깨우쳐 주실 것이다.

하나님은 아시고, 사랑하시고, 돌보신다
그 무엇도 이 진리를 거스를 수 없다
하나님은 자신을 의지하는 자들을 위해
가장 좋은 것을 예비하신다.

현재를 드리라

하나님께 모든 것을 드리기 위해 지금 해야 할 일은 무엇인가? 무엇보다 모든 불의, 추악, 탐욕, 악의, 시기, 분쟁 등을 버려야 한다.

활동적인 어느 부인이 내게 "그리스도의 사랑을 나타내는 것은 쉬운 일이에요. 이 세상에 제가 미워하는 사람은 하나도 없으니까요."라고 말했다. 다음날 그 부인이 다리를 절뚝거리며 나타났다. "넘어졌어요. 그 보기 싫은 K양이 내 곁을 지나가고 있더군요. 그녀와 마주치지 않으려고 다른 쪽을 바라보다가 넘어져 하수구에 빠지고 말았어요."

지금 당신이 어떤 사람을 미워하거나 원한을 품고 있다면 그리스도의 사랑과 온유를 나타낼 수 없다. 이러한 상태에서는 승리하는 삶을 살 수 없다. "당신이 결코 떨쳐 버릴 수 없는 죄를 품고 있다면 주께 가지고 오십시오. 주께서 없애실 것입니다."라고 스코필드C. Schofield 박사는 말했다. 습관화된 죄는 사람들에게 별로 해가 되지 않는 것처럼 여겨질 수 있다.

"습관이 되어 버린 죄를 주께 가지고 나아가라는 말을 들을 때마다 저는 항상 제 파이프를 생각하곤 했지요."라며 한 남자가 자신의 파이프를 버렸다. 사실 내가 흡연에 대해 말한 적은 없는데 그는 습관적으로 피우던 담배를 끊었다. 주께 모든 것을 맡긴 그리스도인이라면 양심상 계속 담배를 피울 수 없을 것이다.

한 가지 경고할 것이 있다. 미래에 대한 두려움이 현재의 승리를 빼앗아 가지 못하게 하라. "저는 모든 것을 그리스도께 맡겼습니다. 그래서 행복합니다. 그러나 집에 돌아가면 어떻게 달라질지 두렵습니다."라고 작년 여름 케직 사경회에서 한 선교사가 말했다.

그 사람은 미래를 완전히 주께 의탁하지 않았기 때문이다. 피어선A. T. Pierson 박사는 마일드메이에서의 마지막 설교에서 이렇게 말했다.

제 말을 유언으로 생각하십시오. 하나님께서 우리에게 주시고자 하는 것을 다 받아낸 사람은 하나도 없습니다.

그 이유는 무엇일까? 우리가 가진 것을 주께 모두 맡기지 않으니 주께서 주시고 싶어도 주실 수가 없기 때문이다. 주께 맡기는 일에 어려움이 있다면 맡기는 것마저도 주 예수께 맡기라.

지금이 승리할 때다

지금이 승리를 할 때다. 지금 이 순간 주 예수를 영화롭게 하는 것을 당신 삶의 목표로 삼으라. 많은 그리스도인이 지금 이 순간을 사용하지 않고 무의미하게 흘려보낸다. 왜냐하면 내일 또는 다음 주일에 대한 염려가 그들을 지배하기 때문이다.

현재에 사는 법을 배우라. 지금 이 순간 그리스도 예수는 우리를 통해 어떠한 영광을 드러내실까?

그리스도 안에서의 승리의 비결은 바로 이 순간에 충실하라는 것이다. 하나님은 우리에게 은혜가 필요할 때에 은혜를 베푸신다.

어떤 사람이 스펄전Charles Spurgeon에게 다음과 같은 질문을 했다. "죽는 은혜dying grace를 받으셨나요?" 그랬더니 그는 "아닙니다, 부인. 저는 지금 그것을 원하지 않습니다. 그러나 제겐 사는 은혜living grace가 있으니 하나님을 찬양합니다."라고 대답했다.

주께 드리라. 또 주께 맡기라. 그리고 믿음 안에서 그리스도를 바라보라. 하나님이 모든 일을 하실 것이다.

우리가 자아를 십자가에 못 박고 주의 부활의 생명에 동참할 수 있도록 주 예수께 기도하라. 『행복한 그리스도인 생활의 비밀』The Christian's Secret of a Happy Life이란 책에는 '행복한 삶을 시작하는 방법'이라는 장章이 있다. 거기서 제시된 방법은 이렇게 기도하는 것이다.

주 예수님, 저의 삶 가운데 있는 모든 염려와 불안과 죄로부터 저를 구원하실 것을 믿습니다. 주님은 저의 현재의 죄는 물론 미래의 죄를 용서하시기 위해 죽음을 당하셨습니다. 주님은 죄를 능히 이기시니 제가 죄에 굴복하지 않도록 도우실 수 있습니다.

저 스스로 저 자신을 지키려고 애를 써 보았지만 번번이 실패하고 말았습니다. 제겐 아무런 힘이 없습니다. 그러므로 이젠 당신을 믿겠습니다. 저를 주께 바칩니다. 저의 모든 것을 드리겠습니다……이제 저는 당신의 것입니다. 주님이 약하고 어리석은 저를 받아 주실 것을 믿습니다. 그리고 주님이 제 마음을 다스리실 것을 믿습니다. 주님이 제 안에서 기뻐하시는 일을 하실 것을 믿습니다. 진정으로 당신을 믿습니다. 지금 이 순간 진정으로 당신을 믿습니다.

주께 맡긴다는 것은 단지 죄를 버리고 항상 주님의 뜻대로 행하겠다고 약속하는 것만이 아니라는 사실을 명심하라. 이러한 약속은 율법적 행위이다. 주께 맡긴다는 것의 진정한 의미는 주님이 원하시는 일을 하실 수 있도록 내가 가진 것은 물론 나 자신을 주께 드리는 것이다.

주께 모든 것을 내어 맡긴 그리스도인들도 종종 패배하는 이유가 그들이 하나님의 도움을 빌려 스스로 일할 수 있다고 생각하기 때문이다.

천만의 말씀이다. 당신은 자신을 하나님께 내어 맡기기만 하면 된다. 그리고 그리스도가 하실 일을 기대해 보라. 주님은 당신을 지키실 수가 있다. 우리에게 승리하는 삶을 가져다 주는 것은 순종이나 믿음이 아니라 신실하신 분 곧 그리스도이시다.

주께 맡기고 믿으라. 그리하면 주께서 결코 당신을 실망시키지 않으실 것이다.

승리의 삶을 산
위대한 그리스도인

허드슨 테일러

허드슨 테일러 Hudson Taylor 1832-1905

테일러는 지칠 줄 모르는 열정으로 중국 땅 구석구석을 누비며 복음을 전하는 데 생을 바친 중국 복음화 운동의 선구자이다.

소년 시절 테일러는 한때 믿음을 잃었고 세상의 법대로 출세하려는 데만 골몰하기도 했다. 그러던 어느 날 무심결에 본 종교적 소책자의 내용에 갑작스런 충격과 감동을 받은 그는 그날 그리스도가 세상 사람들을 위하여 자신을 속전으로 내놓으셨고 완전한 구속을 이루셨음을 진심으로 깨달으며 자신의 구원을 받아들였다. 놀라운 것은 외출했다 돌아온 그의 어머니의 반응이었다. 그녀는 아들의 고백에 매우 담담하였다. 이미 타지에서 기도하던 중에 성령의 인도하심으로 아들이 회개했음을 알아차렸기 때문이었다. 구원의 신비한 기쁨을 맛본 테일러는 이후 그리스도를 위해 할 일을 찾았고 어린 시절부터 막연히 꿈꾸었던 중국 선교사를 지원하게 되었다.

그는 먼저 실생활에서 극단적인 절제로 몸과 마음을 단련하기 시작했다. 이국땅에서의 곤핍을 예비하고 오직 의지할 분은 하나님 한 분뿐임을 의식하기 위한 노력이었다. 독학이긴 했지만 중국어 공부에도 매진하여 웬만한 한자는 대부분 깨우치기에 이르렀다.

1854년, 5개월이 넘는 항해를 거쳐 상하이에 도착한 그는 뿌리

첫 부인 마리아와
허드슨 테일러

깊은 몰이해와 거부, 비방, 폭력 등등의 갖은 역경을 헤쳐 나가며 복음을 전하기 시작했다. 걸인에 가까운 궁핍한 삶을 견디며 감행하였던 여러 차례의 전도 여행 끝에 조금씩 감화를 끼치기 시작했고, 더 나아가 내륙 지방으로 진출하여 복음화 운동을 계속해 나갔다. 그는 조금이라도 더 친근하게 중국인에게 다가가기 위해 주위 선교사들의 조롱에도 불구하고 파오(袍)를 걸치고 변발까지 감행하였다. 그리고 1865년 비종파적, 국제적 입장을 표방하는 중국 내륙 선교회를 세우고 본격적인 활동을 펼쳤다. 이는 최초의 초교파적인 해외 선교회로서 19세기의 세계 복음화 운동에서 탁월한 역할을 수행했던 여러 신앙 선교회의 모범이 되었다.

온갖 고난과 시련 속에서도 한 영혼을 구하는 일에 굽힘이 없었던 테일러는 그가 그토록 사랑했던 중국 땅에 묻혔다. 어떤 희생을 치르고도 그리스도를 따르는 일을 그치지 않으려 애썼던 그의 갸륵한 노력은 그의 글 가운데도 자취를 남기고 있다.

사람들을 살리기 위해 생명을 버릴 준비가 되어 있어야 합니다. 자기 자신을 부인하지 않는, 쉬운 삶은 능력이 없습니다. 쉽게 믿고 편한 그리스도인들을 위한 쉬운 그리스도와 특별한 사람들을 위해서만 존재하는 고난과 시련의 그리스도가 있지 않습니다. 오직 한 분의 그리스도만이 있을 뿐입니다. 당신도 주 안에서 거하고 싶지 않습니까? 그리고 많은 열매를 맺고 싶지 않습니까?

중국 내륙 선교회 선교사들과
허드슨 테일러(흰 수염을 기른 인물)

승리하는 삶이 불가능해 보인다고 해서 그러한 삶을 살겠다는 생각을 포기하지 말라. 자신을 그리스도께 맡기라. 우리 안에 자기의 기쁘신 뜻을 위하여 소원을 두고 행하게 하실 그리스도를 믿으라.

9

Real Victory and False

참 승리와 거짓 승리

참 승리와 거짓 승리

승리하는 삶이 불가능해 보인다고 해서 그러한 삶을 살겠다는 생각을 포기하지 말라. 자신을 그리스도께 맡기라. 우리 안에 자기의 기쁘신 뜻을 위하여 소원을 두고 행하게 하실 그리스도를 믿으라.

승리하는 삶은 하나님께 완전히 맡기는 삶이고, 내주하는 그리스도의 완전한 지배를 받는 삶이며, 예수 그리스도께 영광을 돌리는 삶이다. 이것이야말로 진정으로 행복한 삶이다. 그러나 그리스도인들은 미래에 대한 두려움으로 이러한 삶을 시작하려 하지 않는다.

완전한 신뢰에서 오는 기쁨

믿음의 생활이란 '십자가들'로 가득한 삶인가? 많은 그리스도인이 그렇게 생각하고 있다. 따라서 하고 싶은 일과 하기 싫은 일 중에서 하기 싫은 일을 택하는 생활이라고 생각한다. 성경 어느 곳에 그러한 말이 쓰여 있는가?

바울은 자신의 삶에 있는 놀라운 기쁨에 대해 "항상 기뻐하라", "범사에 감사하라"고 끊임없이 이야기했다. 그러나 그는 많은 시련과 박해를 당하지 않았던가! 당신이 하나님을 사랑하고 그분을 전폭적으로 의지한다면 당신이 머무는 곳은 가장 행복한 곳이요 당신이 하는 일이 가장 좋은 일이 될 것이다. 물론 하나님이 당신을 다른 곳으로 가게 하거나 다른 일을 하도록 하실 수도 있다. 그것은 모두 하나님의 뜻에 달려 있다. 그러나 지금 이 순간 우리 안에서 하나님을 영화롭게 하라.

'십자가들?' 성경 어디에도 십자가들에 관한 말은 없다. 그러나 일이 계획대로 안 되거나 병이 났을 때 혹은 사랑하는 사람의 죽음으로 앞날에 대한 소망이 사라졌을 때 우리는 슬프게 (때론 기쁘게) "그래 이것이 오늘 내가 져야 할 십자가야."라고 말한다. 이것은 불평이 아닐지 모르지만 '체념'이다.

그리스도인의 사전에 체념이란 없다. 하나님이 우리를 온전히 다스리신다면 하나님의 뜻과 반대되는 일은 일어나지 않는다. 따라서 어려움을 당했을 때 체념하기보다 하나님의 뜻을 기쁘게 받아들여야 한다. 그리고 "나의 하나님이여 내가 주의 뜻 행하기를 즐기오니" 시 40:8와 같은 고백을 해야 한다.

참 승리의 삶을 살아가는 사람에게 낙담이란 있을 수 없다. "나의 양식은 나를 보내신 이의 뜻을 행하며 그의 일을 온전히 이루는 이것이니라" 요 4:34고 주님은 말씀하셨다. 당신도 이와 같은 말을 할 수 있는가?

우리가 마음을 새롭게 함으로 변화를 받으면 우리는 매일 하나님의 선하시고 기뻐하시고 온전하신 뜻을 입증하게 될 것이다. 따라서 그것은 받으심직한 것이다롬 12:2. 전심으로 기쁘게 이 말씀을 받아들여야 한다.

믿는 이들이 십자가들을 날라야 한다는 말은 아무 데서도 찾아볼 수 없다.

십자가를 지라

예수 그리스도는 "아무든지 나를 따라오려거든 자기를 부인하고 자기 십자가를 지고 나를 좇을 것이니라"마 16:24, "누구든지 자기 십자가를 지고 나를 좇지 않는 자도 능히 나의 제자가 되지 못하리라"눅 14:27고 말씀하셨다. 우리의 의무는 십자가를 지는 것이지 십자가들을 나르는 것이 아니다. 각 사람이 져야 할 십자가는 하루에 하나다.

예수님 당시 십자가를 진 사람을 보았다면 그 십자가는 죽음을 뜻하며, 죽을 사람은 바로 십자가를 진 사람이라는 것을 알았을 것이다. 십자가는 항상 죽음을 상징한다. 누구든지 그리스도의 제자로서 혹은 종으로서 그리스도를 따르려면 먼저 그리스도의 죽음과 부활에 동참해야 한다.

바울이 "내가 그리스도와 함께 십자가에 못 박혔나니 그런즉 이제는 내가 산 것이 아니요 오직 내 안에 그리스도께서 사신 것이라"갈 2:20고 말한 것도 그러한 이유에서이다. "죄의 형벌로부터 구원을 받는 것과 그리스도를 따르는 것은 별개의 문제이다."라고 혹자는 말한다.

일부 그리스도인들은 기형인畸刑人이라고 그리피스 토마스Griffith Thomas는 말한다. 그들이 그리스도를 믿고 그리스도인의 삶을 시작한 지가 이십여 년이 넘었는데도 전혀 그리스도를 닮지 않았다는 것이다. 그들은 그리스도를 배우려고 하지 않는다. 또한 그리스도와 함께 십자가에 못 박히지도 않고 자기 십자가를 지지도 않는다.

"자기 십자가를 나르는 것은 십자가들을 지는 것의 끝이요 제자도의 시작이다."라고 트럼벌C. G. Trumbull은 말했다.

주님은 우리가 언제, 어떤 상황에서든지 항상 기쁨으로 가득 차 있기를 원하신다는 사실을 기억하기 바란다.

우울하고 슬픈 표정을 한 그리스도인이 노방 전도를 하면서 "오늘 저녁 예배에 참석하지 않으시겠습니까?"라고 지나가는 사람에게 말했다. 지나가던 사람이 그 그리스도인을 힐끗 쳐다보더니 (급한 일이 있듯이) 얼른 대답했다. "사양하겠습니다. 제 문제만으로도 골치가 아파요." 이 이야기를 통해 찔리는 것은 없는가?

승리하는 삶은 믿음의 삶이다. 그러므로 우리는 항상 기쁨에 차 있어야 한다. 그러한 삶이 그리스도를 영화롭게 한다.

참 승리의 의미

무엇이 승리하는 삶인지에 대해 분명히 알 필요가 있다. 마귀는 우리를 미혹하여 거짓 승리를 참 승리인 것처럼 받아들이게 하기 때문이다. 이를테면 우리의 노력으로 '승리'를 얻을 수 있게 되는 것처럼 믿게 만든다.

나쁜 성격이나 화를 잘내는 성격에 대해 생각해 보자. 많은 그리스도인이 자제력을 발동하면 그러한 성격은 얼마든지 다스릴 수 있다고 자부한다. 즉 전혀 화를 내지 않을 수 있다고 장담한다.

그러나 단지 겉으로 나쁜 감정을 표현하지 않는 것이 승리하는 삶은 아니다. 먼저 마음이나 행동이 모두 선하게 일치하는 것이 승리하는 삶이다. 악한 짓을 하고 싶으면서도 자제력을 통해 행동에 옮기지 않는 것은 참 승리라고 할 수가 없다.

하나님은 우리 마음에 소원을 두고 그것을 행하게 하신다. 그러므로 우리는 단지 하나님의 뜻을 기다리면 된다.

독자들은 결코 화를 내지 않는 퀘이커교도인 노부인 이야기를 들었을 것이다. 어떠한 상황에 직면하더라도 그 노부인은 평정을 유지했다. 어느 날 그녀의 친구가 말했다. "네가 어떻게 늘 기쁜 표정을 지을 수 있는지 아무리 생각해도 모르겠어. 만일 내가 너였다면 부글부글 끓는 화를 주체하지 못했을 거야. 그러나 너는 한번도 화가 끓는 모습을 보이지 않더구나." 그러자 그녀는 "네가 몰라서 그래. 나도 속에서는 화가 부글부글 끓고 있는 걸."이라고 대답했다.

이처럼 감정 표현을 억제하는 것은 승리가 아니다. 죄악된 마음을 겉으로 드러내지 않는 것으로 승리를 얻을 수는 없다. 우리가 얼마나 못된 사람인지 사람들이 아는 것이 창피하여 감정을 억제하는 사람은 많다.

예를 들어 가게에서 일하는 점원은 직장을 잃지 않으려고 하루 종일 친절한 표정을 지을 것이며, 사업가는 물품 주문을 따내기 위해 점잖은 체할 것이며, 사교계에서 이름을 떨치고 있는 귀부인은 자신의 명성에 손상이 갈까봐 볼썽사나운 모습은 보이지 않을 것이다. 그러나 이것은 모두 승리하는 삶이 아니다.

기적이 일어날 때

미국의 어느 설교자는 참 승리에 대해 다음과 같이 말했다. 그리스도께 모든 것을 드렸지만 완전한 승리를 위해 그를 바라보지 않은 한 여선교사가 있었다. 그녀는 열대 지역에서 선교 사역을 하면서도 감정 표출에는 전혀 그리스도인다운 모습을 보이지 못하고 있었다. 자신의 성격을 고쳐 보려고 많은 애도 썼지만 허사였다.

그런데 어떤 친구가 그리스도를 완전히 믿기만 하면 승리를 얻을 수 있음을 보여 주었다. 그래서 그녀는 하나님의 선물인 이 승리를 달라고 하나님께 구했다. 얼마 후 그녀는 이 친구에게 자신에게 일어난 영적 변화에 대해 다음과 같은 편지를 썼다.

너에게 먼저 편지하고 싶더구나. 난 지금 승리하는 삶을 살고 있어. 그러나 이것이 지속될지 모르겠구나. 그렇지만 3개월 동안 나는 미련한 원주민 하인들이 내 신경을 거슬리게 했을 때 한번도 문을 꽝 하고 닫지 않았단다. 지금도 그런 행동은 단 한번이라도 하고 싶지 않아.

이것이 바로 승리이다. 승리는 기적이라는 것을 우리는 알아야 한다. 단호한 결심이나 의지력으로 우리가 싫어하는 것을 좋아하는 것으로 바꿀 수는 없다. 그러나 하나님은 하실 수 있다. 하나님은 우리 안의 죄에 대한 욕망을 제거하실 수 있다.

못된 성질이 그리스도인에게 있는 유일한 죄는 아니다. 좋은 성격을 가지고 있는 그리스도인도 많다. 근본 문제는 사랑이다. 즉 우리를 모욕하고 박해하는 원수를 진정으로 사랑하느냐는 것이다. 어느 사역자가 내게 자기 친구에 대한 이야기를 하면서 "그가 당신을 좋아하게 하려면 그를 묵사발을 만드는 수밖에 없을 거예요."라고 말했다.

사람들로부터 상처를 받거나 모욕을 당했을 때 어떤 기분이 드는가?

그들을 사랑하고 싶은 마음이 과연 드는가? 아니면 그들을 사랑하고 화를 내지 않도록 그 자리에서 진심으로 기도해야 한다고 생각하는가? 또는 그들의 적대감과 무례함, 불친절, 불손함을 대하는 것을 우리 안에 있는 그리스도의 사랑을 증명할 좋은 기회로 여기는가? 사소한 일을 통해 우리 자신을 시험할 수 있다.

그리스도의 사랑으로

신실한 그리스도인들이 "나는 사랑하고 싶지 않은 사람을 사랑할 수 없습니다."라고 말하는 것을 종종 듣는다.

사랑하고 싶지 않은 사람을 사랑한다는 것은 불가능하다. 억지로 다른 사람을 사랑할 수는 없다. 인간의 사랑으로는 사랑할 만한 것을 사랑할 수 있다.

그러나 그리스도의 사랑 곧 하나님의 사랑으로는 모든 것을 포용하고 사랑스러운 눈으로 바라볼 수 있다. 우리 안에 그리스도가 충만할 때 원수를 사랑할 수 있다. "하나님의 사랑이 우리 마음에 부은 바" 롬 5:5 되었을 때 모든 미움을 떨치고 승리할 수 있다.

사랑할 수 있도록 도와주는 것들

사랑할 수 없는 사람을 사랑하는 것이 처음에는 우리 능력 밖의 일로 여겨진다. 그래서 많은 사람이 이것을 불가능하다고 생각한다. 물론 인간의 힘으로는 불가능하다. 그러나 하나님이 함께하시면 가능하다. 그래서 기적인 것이다. 그리고 하나님은 매일 이러한 기적을 행하신다.

형제들이여, 승리하는 삶이 불가능해 보인다고 해서 그러한 삶을 살겠다는 생각을 포기하지 말라. 여러분 자신을 그리스도께 맡기라. 여러분 안에 자기의 기쁘신 뜻을 위하여 소원을 두고 행하게 하실 그리스도를 믿으라빌 2:13.

많은 사람이 자신의 믿음이 그리 강하지 않다고 말한다. 왜 그런 말을 하는가? 믿음을 행하기만 하면 겨자씨만한 믿음으로도 살기에 충분하다. 당신의 믿음과 사랑에 도움을 줄 두 가지 사항을 소개하겠다.

첫째, 주 예수님은 우리가 사랑할 만하다고 여기지 않는 사람들도 지극히 사랑하신다. 우리를 사랑하시듯 그들도 사랑하신다. 우리도 그리스도의 눈으로 그들을 바라볼 수 없겠는가? 행색이 추하고 불량기가 있어 보이는 건달이 자기를 보고 피해 가려는 어느 부인에게 이렇게 말했다. "아주머니, 무서워하지 마십시오. 제 어머니도 여자십니다. 왜 저를 사랑하지 못하나요? 주 예수님은 저를 사랑하시는데 말입니다."

둘째, 우리 안에 하나님의 사랑이 넘쳐 사랑의 눈으로 사람들을 대하면 사랑할 수 없는 사람들, 심지어는 못 견딜 정도로 혐오스럽고 미운 사람도 사랑스럽게 보인다. 당신이 진정 그들을 사랑하고자 한다면 그들의 영혼의 구원을 위해 진심으로 기도하라. 당신이 미워하는 그가 이미 구원받은 그리스도인이라면-그러나 부끄럽게 구원받았다면-그가 승리하는 삶을 살 수 있도록 기도하라.

나는 술 주정과 악덕으로 인해 아름다움이라곤 도무지 찾기 힘든 사람들에게 복음을 전함으로써 기쁨을 맛본 적이 있다. 일주일 후 그들은 주님을 영접하고 그리스도 안에서 새로운 피조물이 되었다. 짧은 순간에 기적이 일어난 것이다. 당신이 도저히 사랑할 수 없는 사람이 있는가? 그렇다면 하나님의 사랑이 그들에게 임할 때 어떠한 변화가 일어날지 생각해 보라.

돌덩이가 천사로

전혀 다듬어지지 않은 대리석 주위를 맴도는 미켈란젤로Michelangelo Buonarroti에게 그의 친구가 핀잔을 주었다. 그러자 미켈란젤로는 진지하게 말했다. "저 돌덩이 속엔 천사들이 있다네. 난 그들을 풀어 주고 싶네."

이처럼 현재 우리 눈에 별것 아닌 듯이 보이는 것들이 장차 어떠한 모습으로 변할지 볼 수 있는 눈이 있다면, 우리는 그것을 지극히 사랑하지 않을 수 없다. 그러고는 "저 사람이 지금은 일그러지고 상처투성이로 형편없는 몰골을 하고 있지만 그 안에 그리스도의 형상이 들어 있어. 나는 그가 이 사실을 깨닫게 해야 돼."라고 뜨겁게 외칠 것이다.

어느 용감한 왕자가 뱀에게 입을 맞추었더니 그 뱀이 아름다운 공주로 변하더라는 우화가 있다. 이것은 누구든지 '사랑의 입맞춤'을 당하면 아무리 악한 자일지라도 아름답게 변할 수 있다는 것을 보여 준다. 즉 죄인도 성자가 될 수 있다.

"승리하는 삶을 증명할 수 있는 외적 증거는 무엇인가요?"라고 어느 젊은 전도자가 내게 물었다. 그 질문에 대한 답이 곧 참 승리에 대한 설명이 될 것이다. 간단히 설명하자면 사랑을 할 수 없게 만드는 요소들을 우리의 삶과 마음속에서 내몰아야 하는 것이다.

이 책의 제3장 끝부분을 다시 한번 읽어 보라. 그러면 하나님의 사랑의 능력이 무엇인지 또 그 사랑이 많은 사람을 어떻게 변화시켰는지 알게 될 것이다. 사랑은 우리 안에 있는 성급함, 불친절, 질투, 시기, 교만, 자긍심, 오만, 어리석음, 이기심, 분노, 화풀이, 고약스런 성미, 불평, 사악함, 불만, 욕, 절망, 근심, 좌절, 비방, 끊이지 않는 거짓말 등을 모두 몰아낸다. 우리는 이러한 것들을 괜찮은 죄로 여긴다. 심지어 죄로 여기지 않을 때도 있다.

그러나 하나님은 우리가 이것들을 버리도록 도와주실 것이다. 우리가 이 가운데 하나라도 버리지 못할 때 승리하는 삶을 살 수 없다. 하나님께 온전히 순종하는 그리스도인들은 믿음 가운데 그리스도만을 바라보며 그분이 온 마음을 채우시기를 간구할 것이다. 사랑이신 그리스도가 완전한 사랑으로, 모든 사람에게 사소해 보이나 우리를 망치는 괜찮은 악한 죄들을 몰아내실 것이다. 우리는 기꺼이 예수님이 이와 같은 일들을 하시도록 내어 맡기겠는가?

승리의 삶을 산 위대한 그리스도인

존 칼빈

존 칼빈 John Calvin 1509-1564

'오직 믿음', '오직 성경', '오직 하나님의 영광'이라는 종교 개혁의 원리를 견지하며 불굴의 의지로 한 도시의 개혁과 부흥을 인도하여 유럽의 영적 지도를 바꾼 칼빈은 지금까지도 이어져 오고 있는 개혁파의 전통을 조직화한 걸출한 복음주의 지도자다.

당대 최고의 교육을 받았던 그는 1533년경 '갑작스런 회심'을 겪었다. 과묵하고 감정을 드러내는 일이 드문 그이기에 자세한 과정은 알 도리가 없지만, 그가 남긴 글을 보면 그의 회심은 분명 성령의 역사에 의한 것이었고 오만과 편견에 가득 찼던 그를 완전히 돌이켜 하나님의 뜻을 우선적으로 구하는 사람으로 변화시켰음을 알 수 있다.

프로테스탄트로 거듭난 칼빈은 종교적 박해를 피해 스위스 바젤로 갔고, 그곳에서 복음주의의 교본이 된 위대한 걸작, 『기독교 강요』를 집필하였다. 프로테스탄트 신학의 집대성이라고 할 수 있는 이 책의 초판이 출간된 것은 칼빈이 27세 무렵이었던 1536년이다. 이 무렵 칼빈은 제네바의 개혁자 파렐(Guillaume Farel)의 강권에 끌려 제네바의 교회 개혁에 관여하게 되었다. 이 첫 만남 이후로 칼빈은 죽을 때까지 제네바의 종교와 정치, 시민 생활 전반에 걸친 복음주의적 개혁에 헌신하였다. 엄

종교 개혁 기념비 부분
(좌측부터 파렐, 칼빈)

격한 개혁으로 한때 반감을 사 추방되기도 하였으나, 1541년 다시 초빙되어 교회 제도를 정비하였으며 신정 정치적 체제를 수립하였다. 물론 그 체제의 구속과 제한에 대해 불만이 없었던 것은 아니지만, 그의 노력은 차츰 열매를 맺어 1560년 무렵부터 제네바는 복음주의의 아성이자 종교 개혁의 중심지로서 전 유럽에 영향을 끼치게 되었다.

주권적으로 죄인을 구원하시는 하나님의 은혜에 대한 칼빈의 통찰과 가르침은 이렇게 한 도시, 한 국가를 넘어 전 세계 프로테스탄트의 마음을 움직였다. 비상한 지적 능력과 설득력 있는 표현력을 갖춘 카리스마적 지도자 칼빈은 수많은 사람에게 영감을 주어 삶을 변화시켰고 목숨을 아끼지 않는 모험을 감행하게 하였다. 칼빈의 그 치열한 삶을 지탱해 준 것은 오직 하나, '자신이 그렇게 살고 일하도록 하나님이 부르셨다는 신념' 바로 그것이었다. 개혁 시대의 회오리 가운데서 하나님께 전적으로 의지함으로써 흔들리지 않았던 그가 숨을 거두기 전 평생의 동역자인 파렐에게 보낸 편지는 지금도 우리의 심금을 울린다.

부디 우리의 우정을 기억해 주길 바라오. 그것이 하나님의 교회에 유익하였고 그 열매가 하늘에서 우리를 기다리고 있소. 내가 그리스도를 위해 살고 또 죽으니 그것으로 족하오. 그리스도는 그를 따르는 모든 자에게 살아서나 죽어서나 유익인 것이오.

1559년에 칼빈이 세운
제네바 아카데미(현 제네바 대학)

구원은 그리스도가 하시는 일이다. 칭의도 마찬가지이다.
우리의 행위로도 구원은 얻을 수 없다. 오직 믿음만이 구원을 얻을 수 있다.
구원은 하나님의 선물이다.

10
This Life Is a Gift

승리하는 삶은
선물이다

승리하는 삶은 선물이다

구원은 그리스도가 하시는 일이다. 칭의도 마찬가지이다.
우리의 행위로도 구원은 얻을 수 없다. 오직 믿음만이 구원을 얻을 수 있다.
구원은 하나님의 선물이다.

승리하는 삶은 인간의 그 어떠한 노력이나 싸움으로 얻어지는 것이 아니다. 오래고 고된 노력으로 얻어지는 것도 아니다. 또 그리스도를 점점 닮아 감으로써 점차적으로 얻어지는 것도 아니다. 이러한 사실을 분명히 알아야 한다.

전적으로 주어지는 선물

모든 생명은 선물로 주어진 것이다. 우리의 육신적 생명도 부여받은 것이요, 영적 생명도 "하나님의 은사"롬 6:23이다. 더 풍성한 생명은 하나님의 선물이다.

그러나 이러한 선물을 받기 전에 망설이거나 지체하거나 고민하는 경우가 있다. 하지만 선물은 점진적으로 받는 것이 아니라 한순간에 받는 것이다. 이것은 또한 얻는 것이지 빼앗는 것이 아니다.

　승리하는 삶은 단호한 결단에 의해 얻어진다. 물론 완전히 성결케 된 사람에게는 은혜 안의 성장이 있는 것이 사실이다. 그의 역량이 증가함에 따라 온전을 향한 성장이 있다.

　그러나 "이 생명은 그의 아들 안에 있다" 요일 5:11. 우리가 하나님의 아들을 삶의 주로 받아들일 때 우리는 선물로서 생명을 얻는다. 이것이 하나님이 우리를 위해 하시는 일이다.

　우리는 종종 하나님께 우리의 삶을 맡기기 전에 오랫동안 갈등한다. 많은 그리스도인이 자신을 하나님께 기꺼이 드리기 전에 심한 갈등을 겪는다.

　그러한 갈등은 승리하는 삶을 살기 전의 일이다. 갈등이 끝날 때 승리하는 삶은 시작된다. 당신 안에 거하시는 그리스도를 전적으로 의지하고 바라보는 순간 주님이 당신의 삶을 다스리신다.

말씀을 통한 영접

　그리스도를 우리 안에 모시는 일은 우리의 감정과 하등의 관계가 없다. 또 주님이 자신의 임재를 나타내시는 방법도 우리의 생각과 일치하지 않는다.

　당신은 자신의 감정을 믿지 말고 말씀에 나타난 그리스도를 믿으라. 그리스도를 영접할 때 기쁨의 전율을 느낄 수도 있다.

　반면에 아무런 감정도 느끼지 못할 수도 있다. 어떠한 상태에 놓이든지 말씀에 나타난 하나님의 약속을 믿을 수 있는가? 모든 그리스도인은 전적으로 하나님께 헌신할 것인지 아니면 그리스도인의 삶의 수준에 못 미치는 삶을 살면서 항상 무력하고 위험한 상태에 있을 것인지 양자택일을 해야 한다.

성화의 분기점과 과정

그리스도인의 삶에서 성결한 삶을 살겠다는 결단의 시기는 영적 분기점이 된다.

우리가 이러한 결단을 하는 순간 하나님은 자신을 우리에게 보여 주시며 그리스도는 우리 삶에서 가장 귀한 분이 되신다. 아울러 우리의 모든 알려진 죄가 점진적이 아니라 즉각적으로 정복된다.

"그런즉 사랑하는 자들아 이 약속을 가진 우리가 하나님을 두려워하는 가운데서 거룩함을 온전히 이루어 육과 영의 온갖 더러운 것에서 자신을 깨끗케 하자" 고후 7:1.

거룩함을 이룬다는 말은 헬라어의 시제로 완료형을 나타냄을 알 수 있다. 이것이 성화의 분기점이다.

그리스도를 전심으로 받아들이는 순간 우리는 거룩하게 되고 그로부터 평생 동안 성화의 길을 걷게 되는 것이다. 성화는 능력에서 능력으로, 영광에서 영광으로 나아가는 과정이다.

성화의 과정에서 그리스도인들의 삶과 성품은 점점 더 그리스도를 닮아 간다.

가장 흔한 실수

우리가 이 문제에 대해 자세히 살펴본 것은 내가 한 실수가 결단의 순간을 경험하지 않고 성화의 과정에 들어가려는 것이었기 때문이다. (아마 독자들 가운데서도 많은 수가 동일한 경험을 했을 줄로 안다.) 생명은 곧 그리스도라는 믿음 안에서 주를 전폭적으로 의지하지 않고서는 영적으로 성장할 수 없다.

당신은 그러한 결단의 순간을 경험했는가? "너희 마음에 그리스도를 주로 삼아 거룩하게 하고"벧전 3:15라는 말씀에 순종했는가? 구세주 예수는 모든 그리스도인 안에 거하신다. 그리스도는 진정 당신의 주가 되시는가?

이것은 재회심reconversion에 관한 질문이 아니다. 그리스도가 당신의 주인이 되시는가라는 질문이다.

그러나 결단, 즉 그리스도께 모든 것을 맡기는 것만으로 문제가 해결되는 것은 아니다. 그것은 단지 하나님의 축복을 가로막는 장애물을 제거하는 작업일 뿐이다. 그리스도를 의지하는 것만으로 충분하다면 우리의 의지대로 성화에 이를 수 있을 것이다.

우리를 완전한 거룩에 이르게 하시는 분은 평강의 하나님이시다. 따라서 우리 자신을 하나님께 드리고 난 뒤에, 우리를 위해 십자가에 못 박히심으로써 죄에 대하여 죽으시고 부활의 생명에 이르신 그리스도를 바라보아야 한다.

모든 것을 주께 드리라. 그리고 모든 일을 그분이 하시도록 맡기라. 구원은 전적으로 하나님의 선물이요 은혜이다. 구원에는 과거의 구원, 현재의 구원, 미래의 구원이 모두 포함된다.

영생은 하나님의 선물

구원은 전적으로 믿음으로 얻어진다. 당신의 노력이나 수고로는 절대로 획득할 수 없다.

"너희가 그 은혜를 인하여 믿음으로 말미암아 구원을 얻었나니 이것이 너희에게서 난 것이 아니요 하나님의 선물이라 행위에서 난 것이 아니니 이는 누구든지 자랑치 못하게 함이니라" 엡 2:8-9.

더 나아가 바울은 이렇게 말했다.

"율법 안에서 의롭다 함을 얻으려 하는 너희는 그리스도에게서 끊어지고 은혜에서 떨어질 자로다" 갈 5:4.

그리스도를 우리의 죄를 사하여 주신 구세주로 모실 때 믿음을 통해 우리의 죄가 용서받았다는 것을 알게 된다. 자신의 죄로 애통해 하고, 눈물을 흘리며 결단을 내리고자 할 때 회개하지 않을 수 없다.

그러나 회개 자체가 우리를 구원하는 것은 결코 아니다. 구원은 그리스도가 하시는 일이다. 칭의도 마찬가지이다. 우리의 행위로도 구원은 얻을 수 없다. 오직 믿음만이 구원을 얻을 수 있다. 구원은 하나님의 선물이다.

그리스도가 다시 오실 때 우리는 영화롭게 될 것이다. 이것이 미래의 구원이다. 이 영광을 위해 우리가 할 수 있는 일은 아무것도 없다. 이 모두 그리스도가 하실 일이다.

더 풍성한 삶, 하나님의 선물

현재 당신의 영적 상태는 어떤가? 다시 말해 어느 정도 성화되었는가? (결단의 순간 후에 성화가 진행된다고 앞서 말했다.) 승리하는 삶은 곧 성결케 되는 것이라고 이미 언급했다. 그러나 성결케 되기 위해서는 결단의 순간을 거쳐야 한다.

구세주는 우리를 의롭게 하시고 영화롭게 하셨다. 그리스도가 우리를 성결케 하시는 데 우리의 도움이 과연 필요할까? 죄에 대항하기 위하여 언제까지 애쓸 것인가?

우리의 노력은 전혀 필요하지 않다. 주님은 우리보다 훨씬 강하시기 때문이다. 전능하신 주님이 힘을 덜기 위해 우리의 노력을 필요로 하실까? 우리가 애쓴다고 약한 우리가 강해지는 것은 아니다.

어느 여신도가 내게 이렇게 말했다. "그리스도인의 삶이란 오랜 투쟁의 삶이 아닌가요? 그러나 하나님이 우리에게 싸울 힘을 주시니 정말 감사해요."

그러나 그 말은 옳지 않다. 오히려 그 반대가 되어야 옳다. 우리가 스스로 노력하는 한 주님이 우리를 돕고자 해도 도우실 수 없다.

왜냐하면 우리의 노력이 그리스도의 능력을 제한하고 방해하기 때문이다. 승리하는 삶이란 현재의 구원이다. 모든 구원은 전적으로 하나님의 선물로서 그리스도로 말미암은 것이다.

"그러므로 너희가 그리스도 예수를 주로 받았으니 그 안에서 행하되"골 2:6.

우리는 어떻게 주님을 영접했는가? 그것은 단지 믿음을 통해서이다. 우리는 어떻게 주 안에서 행하는가? 즉 어떻게 승리하는 삶을 얻을 수 있는가? 이 또한 믿음을 통해서이다. "만일 우리가 성령으로 살면(즉 성령의 선물로 영생을 얻으면) 또한 성령으로 행할지니"갈 5:25. 이 진리를 굳게 잡으라.

우리의 구원을 이루시는 그리스도의 사역에 우리가 도울 부분은 전혀 없다. 그러나 많은 사람이 자기 노력으로 성화되어야 한다고 생각한다.

애쓰지 말고 믿으라

그리스도가 우리를 죄의 권세는 물론 온갖 씨름과 노력과 고통으로부터 구원하실 수 있다는 것을 널리 알리라. 당신 스스로 애쓴다면 그것은 그리스도를 믿고 있지 않다는 것이다.

우리 스스로의 노력이 얼마나 헛된 것인지 이미 경험했을 것이다. 우리를 짓누르는 죄에 우리는 지고 만다. 우리는 죄를 이기려고 얼마나 애써 싸우고 있는가! 우리가 하나님의 약속 위에 서 있다고 생각하면서도 그 죄를 이기기 위해 번민하며 기도하지 않는가!

그러나 기도를 마치고 나면 다시 죄에 지고 만다. 그리스도의 약속이 아무런 힘을 발휘하지 못하는 것이다. 우리를 죄에서 구원하는 것은 믿음 자체가 아니라 예수 그리스도이다.

그리스도가 우리 죄를 해결해 주실 것을 기대하며 그분을 의지할 준비가 되었는가?

그리스도는 죄와 사탄을 이기셨다. 정복자 되신 그리스도가 우리 안에 오셔서 우리의 생명이 되셨다. "죄가 너희를 주관치 못하리니"롬 6:14라고 성경은 말한다.

우리는 넉넉히 이기는 자가 될 수 있다. 그러나 우리의 노력에 의해서가 아니라 전적으로 "우리를 사랑하시는 이로 말미암아"롬 8:37 될 수 있다. 이것은 무슨 뜻인가? 죄를 이길 뿐만 아니라 우리 안의 죄에 대한 욕망까지 사라진다는 것이다.

오직 그리스도만이 죄에 대해 완전한 승리를 거두실 수 있다. 이것은 일종의 기적임을 일부 그리스도인이 그들의 삶에서 증명해 보였다.

런던에 거주하는 어느 유명 인사가 얼마 전 사망했다. 그는 한때 유명한 술꾼이었으나 놀랍게도 그리스도를 영접했다. 회심한 후 몇 주일간 술을 마시고 싶은 욕망을 억제하기 힘들었으나 유혹에 맞서 싸웠다. 그는 어떻게 술 문제를 해결할지 몰랐으나 하나님은 보다 나은 해결책을 가지고 계실 것이라고 믿었다.

그래서 들에 나가 무릎을 꿇고 외쳤다. "하나님, 이 상태에서 저를 끌어올려 주십시오!" 그 즉시 술에 대한 욕망이 사라졌고 그 후로도 내내 술로 인해 시험에 빠지지 않았다.

경건한 모울 주교는 견진성사에서 설교를 하다가 자신이 길거리에서 체험한 끈질기고 혹독한 시험에 대해 고백했다.

저는 사색이 되어 걸음을 멈춘 뒤 "성령이여 제 안에 오소서."라고 얼른 기도했습니다. 그리고 "힘이 센 악한 영이 내 안에 있다. 그러나 나는 전능하신 성령을 소유하고 있으니 그분이 나 대신 이 시험을 이기실 것이다." 라고 중얼거렸습니다.

그리스도는 자신과는 별도로 능력을 주시는 것이 아니다. 그는 "하늘과 땅의 모든 권세를 내게 주셨으니……볼지어다 내가 세상 끝날까지 너희와 항상 함께 있으리라"마 28:18, 20고 말씀하셨다.

"곧 우리가 원수되었을 때에 그 아들의 죽으심으로 말미암아 하나님으로 더불어 화목되었은즉 화목된 자로서는 더욱 그의 살으심(즉 우리 안에 사시는 살아 계신 그리스도)을 인하여 구원을 얻을 것이니라"롬 5:10. 하나님께 모든 것을 맡기면 그리스도가 우리를 죄의 권세로부터 안전하게 지켜 주실 것이다. 그리스도는 이 일을 하실 수 있다. 또 하실 것이다. 그는 자신을 믿는 모든 사람의 삶에서 이 일을 하신다.

자기 노력은 패배를 의미한다

자기 힘으로는 선해질 수 없다는 것이 경험을 통해 증명되었다. 선해지려고 노력하는 것을 멈추라. 스스로 애쓰던 것을 멈추고 당신을 위해 구세주가 크게 역사하시도록 내어 맡기라. "자기 백성을 저희 죄에서 구원하시기 위해"마 1:21 주님이 오신 것이다. 그래서 우리는 주님을 의지할 수 있다. "일을 아니할지라도……이를 믿는 자에게는 그의 믿음을 의로 여기시나니"롬 4:5. "너희 안에서 행하시는 이는 하나님이시니 자기의 기쁘신 뜻을 위하여 너희로 소원을 두고 행하게 하시나니"빌 2:13.

"나의 하나님이 그리스도 예수 안에서 영광 가운데 그 풍성한 대로 너희 모든 쓸 것을 채우시리라"빌 4:19. 우리에게 가장 시급한 문제는 끔찍한 죄로부터 해방되는 것이 아닌가? 그동안 죄와 씨름하느라고 얼마나 고생했는가! 그러나 이 문제의 해결책은 당신 안에 있다. 아마 당신은 "맙소사, 제가 얼마나 약한 존재인지 모르시는군요."라고 외칠지도 모른다. 하지만 우리의 약함으로 하나님께 감사할 수 있다. "내 은혜가 네게 족하도다 이는 내 능력이 약한 데서 온전하여짐이라"고후 12:9. 당신이 원망하던 연약함이 당신의 가장 큰 영광이 될 것이다.

"나의 여러 약한 것들에 대하여 자랑하리니 이는 그리스도의 능력으로 내게 머물게 하려 함이라"고후 12:9. 우리는 "믿음으로 말미암아 하나님의 능력"벧전 1:5에 의해서만 죄로부터 안전해질 수가 있다. "우리 주 예수 그리스도로 말미암아 우리에게 이김을 주시는 하나님께 감사하노니"고전 15:57.

목표를 향한 매진

그렇다고 아무 일도 하지 않고 앉아서 찬양이나 하라는 뜻은 아니다. 자기 노력을 중단하라는 말도 결코 아니다. 지금까지 우리는 개인의 구원 문제—과거의 구원, 현재의 구원, 미래의 구원—에 대해서 이야기했다. 이 모든 것을 하나님의 선물로 받아들여야 한다.

그리스도가 우리 안에 거하실 때 그의 능력도 함께 거한다. "너희는 위로부터 능력을 입히울 때까지 이 성에 유하라"눅 24:49. 능력이란 느껴지게 마련이다. "만일 복음을 전하지 아니하면 내게 화가 있을 것임이로라"고전 9:16고 바울은 말했다.

"우리는 보고 들은 것을 말하지 아니할 수 없다"행 4:20. 각 사람의 구원에 있어 노력이나 수고는 아무런 능력을 발휘하지 못한다. 오히려 앞을 가로막는 방해물이 될 뿐이다.

우리는 악한 세대에 살고 있다. 마귀는 우리 주변의 많은 사람에게 깊숙이 침투해 있다. 그래서 그들은 죄를 지으면서 즐거움을 느낀다. 그들은 죄를 정복하려 하지 않는다.

그러기에 믿음만으로 구원을 얻을 수 있다고 말한 바울은 또한 우리가 싸워야 할 싸움, 달려야 할 경주, 치러야 할 씨름이 있음을 경고했다.

"평강의 하나님께서 속히 사단을 너희 발 아래서 상하게 하시리라"롬 16:20.

원수를 이기신 주님이 우리 안에 역사하시어 속히 싸움을 승리로 이끄실 것이다. 화목을 이루시게 하신 주님이 당신 안에 평강을 주실 것이다.

이제 우리 몸과 마음과 영혼을 주님이 주신 임무를 위해 사용해야 한다. 경주에 임한 사람들은 "그리스도 예수 안에서 하나님이 위에서 부르신 부름의 상을 위하여 좇아"빌 3:14 간다고 바울은 말했다.

상이란 무엇일까? 물론 죄사함이나 유혹을 이길 힘, 영생과 같은 하나님의 선물을 뜻하는 것은 아니다. 경주하는 자는 "모든 무거운 것과 얽매이기 쉬운 죄들"히 12:1을 이미 벗어 버렸다. 그렇지 않으면 그는 전혀 경주를 하지 못할 것이다.

그렇다. 바울이 말한 '상'은 영생을 의미하지 않는다. 영생은 거저 주시는 하나님의 선물이다. "이 어두움의 세상 주관자들에 대항하는"엡 6:12 경주, 싸움, 씨름은 우리가 그리스도의 동역자가 될 때 경험하는 것이다.

그리스도는 마귀의 역사를 폐하기 위해 오셨다갈 5:19-21 참조. 그러나 그리스도를 위한 우리의 모든 수고는 그리스도가 감동과 능력을 주실 때 제 빛을 발한다는 사실을 명심하라.

본되신 우리 주

주님도 이런 식으로 죄와 싸우셨다. 그분은 피흘리기까지 죄에 대적하셨다히 12:4. 그러나 주님은 안에 있는 죄의 욕망과 유혹에 맞서 싸우시지 않았다. 그분에겐 죄의 요소가 거하지 않았기 때문이다.

요약을 해보자. 그리스도인들이 자신을 그리스도께 완전히 내어 맡기지 않을 때 갈등을 겪게 된다. 다른 사람들을 마귀의 지배에서 벗어나게 하려면 먼저 우리 자신이 마귀와 대적해 싸워야 한다. 그러나 승리하는 삶은 우리 영혼과 관련되기에 모든 싸움과 상관없는 것이다. 그리스도가 능히 지키실 것이다.

어린 시절 나는 많은 시간을 죽마를 타고 놀았다. 나는 죽마를 곧잘 탔다. 그러나 넘어지지 않기 위해 주의를 기울여 늘 애써야 했다. 작은 장애물에도 쉽게 넘어졌기 때문이다. 다른 사람과 부딪히면 고꾸라졌다. 많은 그리스도인의 삶이 바로 이 죽마를 타는 것과 같다. 넘어지지 않으려고 애쓰고 노력하자 넘어졌다가 일어서서 다시 시작하느라 정신이 없기 때문에 다른 사람을 돌아볼 여지가 전혀 없다.

이것은 부자연스러운 걸음걸이, 즉 삶의 방식 때문이다. 내주하시는 그리스도를 통해 승리하는 삶을 살도록 하라. 그리하면 올바른 그리스도인의 삶이 두 발로 걷는 듯 쉽다는 것을 깨닫게 될 것이다.

전쟁 신경증에 걸린 군인들은 수족이 정상인데도 걷지 못한다. 자기는 걸을 수 없다고 믿기 때문이다. 하지만 유능한 의사는 그들을 걷게 만든다. 걸을 수 있다는 믿음을 심어 줌으로써 걷게 한다. 이처럼 믿음으로 할 수 있는 그리스도의 능력이 우리에게 주어져 있다. 우리는 그를 의지할 수 있는가?

13살짜리 소녀에게 유혹을 받을 때 어떻게 승리하느냐고 물었다. 그 애는 잠시 생각에 잠긴 후 이렇게 대답했다.

> 제가 진리를 깨닫기 전엔 유혹과 맞서 싸우려 했어요. 그러나 그때마다 전 지고 말았어요. 지금은 유혹이 내 마음의 문을 두드릴 때 "주 예수님, 저 대신 문을 열어 주시겠어요?"라고 부탁하죠. 그러면 문에 나타난 주님을 보고 사탄은 "죄송합니다. 제가 집을 잘못 찾아왔나 봅니다."라며 꽁무니를 뺀답니다.

어떻게 승리를 얻을까

오직 그리스도를 통해서만 유혹을 물리칠 수 있는 것처럼 마귀의 역사에 맞서는 데에도 그리스도의 도움이 필요하다. 결국 우리에게 승리를 가져다 주시는 분은 그리스도이다.

『선데이 스쿨 타임즈』 Sunday School Times 지의 편집자는 "오늘날 가장 위험한 이단이 무엇이라고 생각하십니까?"라는 질문에 대해 크리스천 사이언스, 심령술, 고등 비평, 여러 사조 등을 거론했다. 그러나 "가장 위험한 이단은 그리스도인들이 하나님이 우리를 위해 하시는 일보다는 우리가 하나님을 위해 하는 일을 강조하는 것입니다."라고 덧붙였다.

우리가 주님의 일을 하는 것이 아니라 우리를 통해 주님이 일하시는 것이라는 사실을 명심하라.

승리하는 삶을 사는 그리스도인들은 기도에 힘쓰며 성경을 묵상하고 하나님과 영적 교제를 누린다.

이 장을 마무리 지으면서 우리에게 있는 승리하는 삶이 다른 사람들에게 어떠한 영향을 끼치는지 살펴보자. 지금까지 우리는 자신의 문제만 다뤄 왔다. 이제 이것으로 이야기를 멈춘다면 "가치 있는 삶이군."이라는 말만 외치고 있을 것이다. 그러나 그리스도인들은 다른 사람들을 섬기기 위해 구원받았다. 나는 그리스도를 위해 일하고 싶지만 준비가 되지 않은 많은 사람으로부터 도움을 구하는 편지를 받고 있다.

맨체스터의 새 주교로 임명된 템플William Temple 박사는 몇 주 전 주교 추대식에서 이렇게 말했다.

> 교회의 회심시키는 능력은 설교자의 달변이나 완전 무결한 조직에서 나오는 것이 아닙니다. 그것은 사람들이 교인들의 삶에서 그리스도의 사랑의 능력을 얼마나 발견하느냐에 달려 있습니다.

옳은 말이다. "그리스도의 사랑이 우리 마음에 부은 바 됨이니"라는 말씀의 능력이 우리 친구들을 괴롭히는 우리 안의 죄를 죽일 정도로 강력한 능력을 가졌음을 사람들이 깨달을 때 그들은 생각하게 된다.

죄의 정복자 사랑

사랑을 받지 못할 사람은 아무도 없다. 하나님의 사랑은 무한하다.

미국의 독립 전쟁시 에프라타에 피터 밀러Peter Miller라는 한 평범한 침례교 목사가 살고 있었다. 그는 워싱턴George Washington과 친하게 지내고 있었다. 또한 그 마을에 마이클 위트먼이라는 마음이 고약한 사람이 살았다. 그는 밀러 목사를 탄압하고 박해했다.

그런데 마이클 위트먼이 반역죄로 체포되어 사형 선고를 받게 되었다. 밀러 목사는 마이클 위트먼의 사면을 탄원하기 위해 노구를 이끌고 필라델피아까지 70마일을 걸어가서 워싱턴에게 마이클을 살려 달라고 사정했다.

"이보게 피터, 그것은 안 되네. 자네 친구라고 해서 살려 줄 수는 없다네."라고 워싱턴은 대답했다.

"내 친구라고? 그는 내 친구가 아니라 원수일세."

밀러 목사의 말을 들은 워싱턴이 놀라며 외쳤다. "원수라고? 원수의 생명을 살리려고 70마일이나 걸어왔단 말인가? 보통 사람은 생각도 할 수 없는 일이군. 사면해 주기로 하지."

이렇게 하여 밀러 목사는 마이클을 죽음의 그늘에서 구해 내어 에프라타의 자기 집으로 데리고 왔다. 이제 마이클은 원수가 아닌 친구가 된 것이다. 그리스도의 사랑이 교수대의 한 사형수를 구원의 십자가 밑으로 데려간 것이다.

기독교 사역자들이여! 그리스도를 위한 사역을 하면서 당신이 보고 싶은 성공을 얻고 있는가? 뚜렷한 성공을 얻고 있는가? 그렇지 않다면 승리하는 삶에 들어가는 것은 당신 자신이나 당신의 일이나 구세주나 잃어버린 죄인들에게 가치가 없다.

  하나님께 맡기라. 하나님을 믿으라. 하나님의 선물을 받으라. 그리고 하나님을 찬양하라.

승리의 삶을 산 위대한 그리스도인

찰스 토머스 스터드

찰스 토머스 스터드 Charles Thomas Studd 1860-1931

찰스 토머스 스터드는 학생 복음 운동의 선구자로 하나님 나라의 확장을 위해 자신의 안위를 돌보지 않고 헌신하여 '위대한 믿음의 도박사'라고까지 불린 인물이다.

부유한 가정에서 태어난 그는 무디(Dwight L. Moody)의 설교를 듣고 완전히 변화된 아버지의 영향과 권고로 15세 무렵 형제들과 함께 회심을 경험했다. 그러나 아버지가 세상을 뜬 후 그의 관심은 점차 스포츠에 쏠리기 시작했고, 케임브리지 대학교 시절에는 야구와 비슷한 경기인 크리켓에서 뛰어난 기량을 발휘하여 4년 내내 대표 선수를 지내기도 했다.

그러나 몇 년 후 형이 병마로 생사의 갈림길에 놓이자 인생의 무상함을 돌이켜보게 되었고, 그때 들은 무디의 설교로 다시금 구원의 기쁨을 회복하고 삶을 온전히 하나님께 바치고자 결단하게 되었다. 중국 선교사로 나가겠다는 그의 결심은 대학가에 센세이션을 일으켰고, 6명의 친우들이 그의 열정에 동참함으로써 '케임브리지 7인'을 결성하기에 이르렀다. 당시의 한 신문 기자는 "선교 역사상 이렇게 머리 좋은 학생들이 한꺼번에 선교사로 나간 일은 없었다."고 기록하기도 했다.

1885년 이들 7인은 드디어 중국으로 가는 배에 올랐다. 스

역시 유명한 크리켓 선수였던 두 형과 함께한 스터드(중앙)

터드는 유산으로 받은 막대한 재산마저도 가난한 이들에게 나누어 주고 오직 믿음으로만 생활을 영위하며 10여 년을 헌신 봉사하였다. 그리고 건강 악화로 귀국한 후에도 순회 집회를 가져 수많은 학생들이 해외 선교를 자원하게 하였다.

그러던 어느 날 스터드는 우연히 "식인종은 선교사를 원한다."는 문구를 보고 충격을 받았고, 그로 인해 다시 한번 삶의 방향을 전환하였다. 50이 넘은 나이에 병약한 육신임에도 후원자도 없이 아프리카 선교에의 부르심에 따르고자 결심했던 것이다. 그는 훗날 사위가 된 알프레드 벅스톤(Alfred Buxton)이라는 조력자만을 동행하고 단독으로 벨기에령 콩고에 들어가 선교부를 세우고 18년 동안 복음 사역을 펼쳤다.

그는 문자 그대로 휴식도, 오락도, 휴일도 없이 '쉴 새 없이' 일하는 선교사였다. 결국 그의 열정은 식인종 부족 가운데 회개의 역사가 일어나게 했고 추장들로 하여금 교회를 세워 달라는 요청을 하게 만들었다. 그는 아프리카의 검은 양들이 진심으로 회개의 열매를 맺기까지 사랑으로 책망하고 근심을 그치지 않은 진정한 목자였다. 그가 생을 마쳤을 때 7천 명이 넘는 아프리카인들이 이 위대한 하얀 추장(브와나 무쿠바)의 죽음을 기리기 위해 찾아왔던 것은 놀라운 일이 아니었다.

중국 전통 복장을 한 케임브리지 7인

우리가 우리 안에 계신 그리스도를 의지할 때에는
죄에 대한 우리의 성향이 발동되지 않는다.
그러나 죄를 지을 가능성은 늘 남아 있다.

11
Not Sinless Perfection

죄 없이 완전한 사람은 없다

죄 없이 완전한 사람은 없다

우리가 우리 안에 계신 그리스도를 의지할 때에는
죄에 대한 우리의 성향이 발동되지 않는다.
그러나 죄를 지을 가능성은 늘 남아 있다.

승리하는 삶은 하나님의 선물이라는 것을 진실로 믿는가? 우리는 승리하는 삶을 성령 충만이나 우리 안에 거하시는 그리스도와 동일한 것으로 생각할지 모른다. 개인적으로 나는 내주하시는 그리스도로부터 많은 도움을 받았기에 그분의 내주하심을 의식할 수 있다. 결론적으로 성령의 주요 사역은 그리스도의 역사를 우리에게 알려 주는 것이라 할 수 있다.

선물을 받는 방법

승리하는 삶은 하나님의 선물이다. "너희가 악할지라도 좋은 것을 자식에게 줄 줄 알거든 하물며 너희 천부께서 구하는 자에게 성령을 주시지 않겠느냐"눅 11:13.

예수님이 사마리아 여인에게 "네가 만일 하나님의 선물과 또 네게 물 좀 달라 하는 이가 누구인 줄 알았더면 네가 그에게 구하였을 것이요 그가 생수를 네게 주었으리라"요 4:10고 말씀하셨다.

선물은 어떻게 받아야 하는가? 그냥 받기만 하면 된다. 내가 구해서 선물이 주어졌는데도 받지는 않고 선물을 달라고 몇 주, 몇 달, 몇 년 동안 간구하고 애원한다면 선물을 주는 이의 심정이 어떻겠는가?

부모가 자녀에게 크리스마스 선물을 주겠다고 이미 약속했음에도 불구하고 자녀가 선물을 달라며 밤새도록 조른다면 부모의 심정이 기쁘겠는가?

그렇게 한다 해도 그들이 조르는 것은 선물을 받는 데 전혀 도움이 되지 않을 것이다. 화가 난 아버지가 자녀에게 그만 조르고 가서 자지 않으면 선물을 못 받을 것이라고 말하는 것은 누구나 상상할 수 있다.

예수 그리스도는 크리스마스 선물과도 같다. "말할 수 없는 그의 은사를 인하여 하나님께 감사하노라"고후 9:15. 하나님의 선물은 당연히 우리의 것이다. "주님은 지상에서의 우리 삶이 우리의 승리가 되시는 그분 자신을 선물로 받는 길고 긴 크리스마스가 되기를 원하신다."고 말한 사람도 있다. 우리는 선물에 대해 고민할 필요가 없다. 단지 주님을 전적으로 믿고 그리스도를 선물로 받아들이기만 하면 된다.

예수 그리스도는 제자들에게 "예루살렘을 떠나지 말고 위로부터 능력을 입히울 때까지 기다리라"고 말씀하셨다. 그렇다. 그는 "내게 들은 바 아버지의 약속하신 것을 기다리라"고 말씀하셨다.

하지만 그것은 오순절 전에만 해당되는 말씀이다.

받아들일 준비

오순절 이후에는 하나님의 선물, 즉 성령을 기다리라고 말씀하시지 않았다. 사도행전 10장에서는 베드로가 아직 성령을 받지 못한 고넬료의 가족들에게 이야기하던 중 성령이 "말씀 듣는 모든 사람에게 내려왔다"고 말하고 있다.

초대 교회 제자들은 처음에는 이 선물의 가치나 필요성을 알지 못했다. 주님은 "오백 명도 더 되는 형제들에게" "위로부터 능력을 입히울 때까지 기다리라"고 말씀하셨다.

그러나 그 말씀을 따른 사람은 120명밖에 안 되었다. 따라서 이들 120명만이 오순절에 성령을 선물로 받았다—이 선물은 모든 사람에게 주시기 위한 것이었다.

오늘날 우리도 같은 실수를 해서는 안 되겠다. 주님은 우리 모두가 성령 충만함을 받기 원하신다. 우리가 모든 의지를 버리고 우리의 영혼은 물론 육체까지 그분께 모두 내어 맡길 때 성령이 우리 안에 차고 넘치게 된다.

이것이 바로 사도 바울의 다음과 같은 기도에서 의미한 것이다.

"하나님의 모든 충만하신 것으로 너희에게 충만하게 하시기를 구하노라" 엡 4:13.

"그리스도의 장성한 분량이 충만한 데까지 이르리니" 엡 4:13.

"교회는 그의 몸이니 만물 안에서 만물을 충만케 하시는 자의 충만이니라" 엡 1:23.

그리스도의 충만하심

주님이 우리 안에 거하신다는 것은 놀라운 일이 아닐 수 없다. 주님은 결코 실수하거나 실패하지 않으시기 때문에 영광스럽게도 우리 삶을 전적으로 책임지실 수 있다.

이러한 선물을 거절할 그리스도인이 있을까?

거듭 부탁하건대 풍성하신 그리스도를 영접하라. 전율이나 감정의 고조를 기대하거나 기다리지 말라. 그리스도를 영접한다고 해서 모두 그러한 감정의 체험을 하는 것은 아니기 때문이다. 단지 그리스도를 말씀대로 받아들이고 그리스도가 우리의 생명이 되시기 위해 우리 안에 오셨다는 것을 믿으라. 그리고 나서 당신의 모든 필요를 채워 주시는 주님을 의지하라.

"볼지어다 내가 문밖에 서서 두드리노니 누구든지 내 음성을 듣고 문을 열면 내가 그에게로 들어가 그로 더불어 먹고 그는 나로 더불어 먹으리라" 계 3:20.

그리스도는 자신을 믿는 모든 이들, 심지어 멀리서 따르는 자들의 마음에까지도 이미 들어와 계신다는 것을 유념하라.

대부분의 경우 그리스도는 우리 마음의 모든 방을 온전히 차지하지 못하신다. 그분은 부분적으로만 차지하신다. 그분은 완전히 다스리지 못하신다. 종종 그분을 향해 닫힌 마음의 방들이 있다. 닫혀 있을 뿐 아니라 그 안에 머물고 있는 자가 있다. 그는 다른 방에도 침입하려고 기회를 엿보고 있는 도둑이다.

그리스도인들은 때때로 이런 찬송325장을 부른다.

주 예수 대문 밖에 기다려 섰으나
단단히 잠가 두니 못 들어오시네
나 주를 믿노라고 그 이름 부르나
문밖에 세워 두니 참 나의 수치라.

많은 그리스도인이 공감하는 찬송이다. 주님을 문밖에 세워 두는 일은 수치라기보다는 어리석은 일이다. 주님이 우리 마음의 모든 방에 들어가시기를 원하는 이유는 우리에게 풍성한 복을 주시기 위해서라는 것을 알기 때문이다.

바울은 로마의 그리스도인들에게 "너희 자신을 하나님께 드리라"고 권면했다. 그 자신은 그렇게 했고 그분의 목소리를 들었다. 그 사이에는 닫힌 문이 없었다.

그는 말할 수 없는 기쁨과 마음이 충만한 가운데 "말할 수 없는 그의 은사를 인하여 하나님께 감사하노라"고후 9:15고 외쳤다.

유혹과 실패

"승리하는 삶을 잃을 수도 있나요?"라는 질문을 종종 듣는다. 물론 그럴 수 있다. 우리는 유혹을 받을 것이며 그 유혹에 질 수 있기 때문이다. 며칠 전에 기독교계의 한 유명 인사가 자신도 유혹에 지는 경우가 있다고 하면서 이렇게 말했다. "제가 유혹에 진 이유는 근심 때문이었습니다."

그러나 더 이상 실패할 필요가 없다. 우리에겐 완전하신 그리스도가 계시기 때문이다. 그리스도와 누리는 놀라운 영적 교제가 깨어진 일을 되돌아보면 우리는 늘 그런 실패를 맛보지 않을 수도 있었다고 고백할 수밖에 없다.

죄 없이 완전하다는 것은 무슨 뜻인가

자기는 절대로 죄를 짓지 않는다고 공포하는 그리스도인들이 많다. 그들은 자기가 죄 없이 완전하다고 주장한다. 그들은 또한 사도 요한의 말을 인용한다.

> "하나님께로서 난 자마다 범죄치 아니하는 줄을 우리가 아노라 하나님께로서 나신 자가 저를 지키시매 악한 자가 저를 만지지도 못하느니라" 요일 5:18.

> "하나님께로서 난 자마다 죄를 짓지 아니하나니 이는 하나님의 씨예수 그리스도가 그의 속에 거함이요 저도 범죄치 못하는 것은 하나님께로서 났음이라" 요일 3:9.

이 구절은 어쩌다 저지르는 범죄가 아니라 습관적인 죄에 대해 말하고 있다. 헬라어의 시제로 따져 볼 때 범죄치 않는다는 말은 죄를 전혀 짓지 않는다는 뜻이 아니라 계속해서 짓지 않는다는 뜻이다. 즉 습관적으로 범죄치 않는다는 뜻이다. 또한 요한이 말한 범죄는 자범죄를 의미하는 것이지 하나님의 영광에 도달할 수 없는 연약함의 죄를 일컫는 것이 아니다.

성향과 가능성

사람은 누구나 죄를 지을 수 있다. 누구나 거짓말을 할 수도 있다. "정직한 사람은 거짓말을 하지 않는다."는 말의 의미를 우리는 알고 있다. 예를 들어 조지 워싱턴이 "저는 거짓말을 하지 않습니다!"라고 단언했을 때 그것을 거짓말이라고 비난하지는 않는다.

모든 죄는 선한 사람의 본성에 배치된다. "나무는 물에 가라앉지 않는다."고 우리는 말한다. 이것은 사실이다. 물에 뜨는 것이 나무의 일반적 성향이다. 하지만 가라앉을 가능성은 항상 존재한다. 예컨대 어린아이가 손으로 물 속에 있는 나무를 누르면 물 속에 잠기게 된다. 물론 손을 놓으면 다시 떠오른다.

우리가 우리 안에 계신 그리스도를 의지할 때에는 죄에 대한 우리의 성향이 발동되지 않는다. 그 대신 항상 하나님이 기뻐하시는 일을 하고자 한다. 그러나 죄를 지을 가능성은 늘 남아 있다. 즉 세상 일에 빠질 수도 있고, 유혹이 틈입하는 것을 허용하여 사탄의 손에 이끌릴 수도 있다.

그런데 그리스도와의 교제를 지속하고 그리스도를 의지하는 한 죄를 지을 수 없다. 그러한 삶은 순간순간의 믿음을 통해 순간순간 승리하는 삶이다. 그리스도와의 교제를 그치거나 그리스도를 부분적으로만 의지할 가능성은 언제든지 존재한다.

하나님의 손 안에

달리는 기관차에 연결된 객차는 멈출 수 없다. 그러나 연결 부위가 끊어지면 곧 멈추게 된다. 거듭 말하건대 우리는 죄인 줄 알면서도 죄를 지어서는 안 된다. "이를 인하여 내가 또 이 고난을 받되 부끄러워하지 아니함은 나의 의뢰한 자를 내가 알고 또한 나의 의탁한 것을 그날까지 저가 능히 지키실 줄을 확신함이라"딤후 1:12.

이 말은 사실이다. 하나님을 찬양하라. "능히 너희를 보호하사 거침이 없게 하시고"유 24절.

더욱이 주님은 친히 제자들에게 이렇게 말씀하셨다. "저희를 내 손에서 빼앗을 자가 없느니라……아무도 아버지 손에서 빼앗을 수 없느니라"요 10:28-29. 구세주는 우리가 주님의 손에서 벗어나지 않도록 우리를 보호하시기 위해 모든 준비를 해놓으셨음이 분명하다. 그렇지만 그리스도를 믿는 믿음으로 얻어지는 죄에 대한 승리는 순간순간의 승리이므로 우리는 "믿음의 주요 또 온전케 하시는 이인 예수를"히 12:2 바라보아야 한다.

감사하게도 우리가 승리하는 것은 '예수를 바라보기' 때문이 아니라 '주님이 우리를 바라보시기' 때문이다. 베드로는 잡힌 주님을 바라보고 저주까지 하면서 주님을 부인했다. 그러나 "주께서 돌이켜 베드로를 바라보시니" 그는 더 이상 주님을 부인할 수 없었다. 우리를 지키는 것은 우리의 믿음이 아니라 주님의 신실하심이다.

내주하시는 그리스도는 위급한 상황만을 위하여 계시는 것이 아니다. 우리가 그분을 믿고 그분의 작은 명령들을 지키고 따르는 한 승리는 우리 것이다. 그런데 왜 우리는 고의적으로 죄를 짓는 것일까? 영적으로 충분히 성숙한 그리스도인이 자기는 결코 알고 죄를 짓지 않는다고 말할 때 왜 우리는 놀라는가?

실패의 원인

하나님께 온전히 헌신된 그리스도인도 때로 과오를 범하는 이유는 그들이 하나님의 뜻에 완전히 복종하지 않기 때문이다. 대부분의 그리스도인이 교만, 분노, 성냄, 성급함, 시기, 자기 본위, 사랑 없음 등과 같은 것을 죄로 여기지 않는다. 그래서 승리하는 삶을 살고 있다는 그리스도인들이 얼굴도 붉히지 않고 태연스레 그러한 죄를 범한다. 또한 그들이 그러한 행동을 한다고 해도 놀라는 사람은 드물다.

온전히 성화된 사람이 아니면 그러한 행동을 함부로 비난하지 않는다. 어줍잖게 한마디 하다가는 "의사 양반, 당신 병이나 치료하시지."라는 말을 듣든가 아니면 당신 눈의 들보는 안 보고 왜 남의 눈의 티만 보냐는 등의 핀잔을 받기 십상이다. 사실 영적인 사람만이 그러한 자를 도울 수 있다. 사도 바울은 "사람이 만일 무슨 범죄한 일이 드러나거든 신령한 너희는……그러한 자를 바로잡고" 갈 6:1라고 말했다.

영적으로 성숙한 사람들과 교제한다면 승리하는 삶을 사는 것이 얼마나 용이하겠는가? 그처럼 성숙한 사람들이 많다면야 오죽 좋겠는가?

누군가 나는 죄 없이 완전한 상태에 이르렀다고 말할 때 우리가 놀라는 이유는 무엇인가? 그를 뺀 대다수의 사람들이 그 상태에 도달하지 않았기 때문이다. 그렇지만 위와 같은 고백을 한 사람들도 조만간 과오를 범하게 될 것이다.

최근 한 경건한 그리스도인이 어느 성대한 오찬회에서 이 문제를 놓고 논쟁을 벌였다. 그는 자신이 죄 없이 완전하다고 주장했다. 손님 가운데 한 친구가 진심인지 아니면 시험해 보기 위해서인지 모르겠지만 이렇게 말했다. "이런 말을 하는 것을 용서하게. 나는 자네가 음식에 대해 그렇게 탐욕스러운지 몰랐네." 그러자 "나는 음식에 대해 탐욕스럽다는 말은 들어 본 적이 없네."라고 펄쩍 뛰며 말했다. 그 말을 들은 사람들이 미소를 지었다. 그의 말과 행동이 동떨어져 있음을 확인했기 때문이다.

이 이야기를 통해 죄 없이 완전한 사람도 때로는 참지 못하고 화를 낸다는 것과 그들이 과오를 범했을 때 평범한 그리스도인들은 즐거워하고 기뻐한다는 사실을 확인할 수 있다.

죄인가 아니면 연약함인가

나는 죄 없이 완전하다고 말하는 그리스도인들을 만날 특권을 누린 적이 있다. 일주일에 걸쳐 식사 때마다 그들 중 한 사람과 식사를 했다. 그들에게서 외양적인 죄는 발견할 수 없었다. 그들은 내가 죄 없는 완전함에 대해 설교를 안한다며 나를 은근히 나무랐다. 그래서 그 문제에 대해 오랫동안 대화를 나눴다. 한 사람은 주 예수님으로 인해 자신의 난폭한 성품이 모두 없어졌다고 말했다. 그러나 가끔씩 참지 못하고 짜증을 내거나 화를 폭발한다며 "그러나 이것들은 죄가 아니라 연약함이라고 생각합니다."라고 말했다.

죄 없이 완전하다고 고백하는 사람들과 이 문제에 대해 이야기할 때마다 그들은 우리가 작은 죄로 여기는 것들을 죄가 아니라 연약함일 뿐이라고 주장한다. 여러분의 모든 연약함을 그리스도께 내놓으라. "나의 여러 약한 것들에 대하여 자랑하리니 이는 그리스도의 능력으로 내게 머물게 하려 함이라"고후 12:9.

스스로 죄 없이 완전하다고 장담하는 사람들은 생활 속에서 그 말이 거짓임을 나타냄으로써 그리스도에게 커다란 해를 입힌다.

자신이 죄 없이 완전하다고 고백하던 사람이 사업상의 문제로 내 친구를 찾아왔다. 그는 완전한 부정 행위는 아니더라도 권모술수에 해당하는 이야기를 했다. 그의 말을 듣고 난 내 친구가 놀라며 물었다. "이러한 행동이 죄 없이 완전하다는 당신의 고백과 일치합니까?" "예, 이것은 사업이니까요."라고 그는 얼버무렸다.

우리가 이 점에 대해 자세히 살펴본 것은, 마귀는 죄 없이 완전한 사람이라는 말을 무기로 많은 신실한 그리스도인이 거룩한 삶을 사는 것을 막기 때문이다.

결론은 다음과 같다. 주 예수님이 우리를 모든 유혹에서 지켜 주신다는 것을 믿는 한 고의적으로 죄를 지을 수 없다. 그러므로 매일 아침 "오늘도 죄에 빠지지 않게 하옵소서.", "오 주여, 죄를 짓지 않고 하루를 지낼 수 있도록 저희를 지켜 주옵소서."라고 기도하는 것은 옳은 일이며 마땅히 그리해야 한다. 그리스도가 우리를 보호하사 거침이 없게 하신다_{유 24절}. 우리가 그분을 신뢰하는 한 그분은 우리를 지켜 주신다.

하지만 언제라도 우리는 죄를 범할 수 있다. 승리인가 아니면 패배인가가 매순간 결정되기 때문이다. 이 글을 읽는 많은 사람이 오 분 동안, 십 분 동안, 한 시간 동안, 아니면 그보다 오랫동안 알고 짓는 죄를 범하지 않을 수 있었다는 고백을 할 것이다. 또한 아무런 죄를 짓지 않다가도 불현듯 악한 생각을 품거나 고의적으로 범죄하고 유혹에 빠진다는 고백도 할 것이다. 지난 후 돌이켜 보면 그 순간 범죄하지 않을 수도 있었음을 알게 된다. 우리가 매우 안타까운 과오를 범한 것이다.

  더욱이 그러한 과오는 다른 그리스도인의 그리스도인답지 않은 그릇된 행동이나 말로 범하게 된 경우가 많다. 그리스도를 믿지 않는 세상 사람들보다 수준 낮은 영적 생활을 하는 동료 그리스도인 때문에 죄를 짓는 경우가 더 많다.

  우리를 정죄하지 말고 승리하는 삶을 지향하여 그리스도인으로서의 거룩한 삶의 기대치를 높이라. 삶에서 승리하는 모습을 보여 줌으로써 그리스도가 주관하시는 삶이 얼마나 영광스러운지 실제로 증명하라.

승리의 삶을 산
위대한 그리스도인

토머스 크랜머

토머스 크랜머 Thomas Cranmer 1489-1556

영국 종교 개혁의 격동기에 영국 프로테스탄트 교회를 형성하는 데 중요한 역할을 감당한 크랜머는 수많은 시련과 유혹 가운데서도 담담히 자신의 신앙을 지켜 나가다가 생애 마지막에 있었던 변절 아닌 변절에 대해서 순교로 갚음을 한 굳건한 의지의 개혁가이다.

그는 헨리 8세(Henry VIII)의 총애에 힘입어 1532년 갑자기 대주교의 직분을 맡았다. 복잡하게 얽힌 영국 정치계와 종교계에서 그는 자신의 프로테스탄트적 신앙 중심을 잃지 않고 교회를 개혁하는 일에 앞장섰다. 영어 성경의 출판에 힘을 썼으며, 두 권의 공중 기도서를 발간하여 영국 국교회에 정통 전례서를 마련해 주었다. '국왕은 건전한 사회를 조성하고 복음이 자유롭게 전파되도록 할 사명이 있음'을 신봉했던 그는 개신교적 성향의 에드워드 6세(Edward VI)가 즉위하자 날개를 단 듯, 주의 깊으면서도 추진력 있게 개혁을 펴 나갔다. 그러면서도 그는 자신의 높은 직위를 향유하지 않았고 궁정의 온갖 음모와 술수에도 흔들리는 법이 없었다.

그러나 그의 영광은 에드워드 6세가 요절하고 열렬한 가톨릭교도였던 메리 여왕(Mary I)이 즉위하면서 빛을 잃어 갔다. 개신교적 제도를 벗겨 내려는 가차없는 시도에 따라 당시 수많은 개신교도 주교들

헨리 8세의 아들, 에드워드 6세

이 화형을 당했으며, 크랜머 역시 1553년 반역죄로 고소당하고 투옥되었다. 정부는 그를 바로 처형하지 않았다. 공식적으로 자신의 신앙 오류를 자인하게 함으로써 가톨릭의 우위를 선전하려는 의도에서였다. 3년이 넘는 감옥 생활로 쇠약해진 그는 회유와 협박에 못 이겨 결국 자신의 개신교적 신앙을 철회하고 말았다. 그러나 이내 통회의 눈물을 흘렸고 1556년 3월 21일 화형장에 끌려간 그는 대중 앞에서 자신의 진실된 신앙을 재천명함으로써 남아 있는 종교 개혁자들에게 용기를 되찾아 주었다. 위엄을 되찾은 그는 화형대에 올라 '변절의 사인을 한 손'을 타오르는 불길 가운데서도 끝까지 치켜든 채 죽음을 맞이하였다.

죽음의 순간에 이를 때까지 그가 드렸던 기도는 겸손하고 경건하였던 그가 세월의 풍파에 맞서 얼마나 큰 갈등과 회오를 겪었는지를 보여 준다.

하나님, 비겁한 겁쟁이요 가련한 죄인인 저에게 자비를 베푸소서.
이제 저는 어디로 갈 것이며 어디로 도망하여 구원을 얻겠습니까?
하늘에서는 눈을 들지 못할 만큼 부끄러울 것이요,
땅에서는 어떠한 피난처도 찾지 못할 것입니다.
오 좋으신 하나님, 살려 달라고 오는 자들을 내치지 않으시는 분이여,
지금 당신께로 달려가오니, 당신 앞에 무릎을 꿇사오니,
비록 저의 지은 죄가 무겁더라도 크신 자비를 베풀어 주소서.

끝까지 손을 들고
죽음을 맞이한 크랜머

우리의 영혼과 육체와 마음을 완전히 성화시키시는 분은 성부와 성자와 성령이시다.
그러나 주의 계명을 하나라도 지키지 않으면 승리하는 삶을 살 수 없다는 것을 우리는 믿는다.

12
The Perils
of This Life

승리하는 삶을
위협하는 요소들

승리하는 삶을 위협하는 요소들

우리의 영혼과 육체와 마음을 완전히 성화시키시는 분은 성부와 성자와 성령이시다.
그러나 주의 계명을 하나라도 지키지 않으면 승리하는 삶을 살 수 없다는 것을 우리는 믿는다.

승리하는 삶은 단번에 얻어지는 것이 아니다. 일단 정상에 도달하면 계속 그 자리를 유지할 수 있는 것도 아니다. 승리하는 삶은 순간순간의 믿음에 의해 이뤄진다. 그리스도를 전폭적으로 믿는 동안 승리하는 삶은 지속된다.

그러나 믿음을 상실하는 순간 패배하고 만다. 그래서 주님은 불신을 죄라고 단호히 말씀하셨다. "그가 와서 죄에 대하여······세상을 책망하시리라 죄에 대하여라 함은 저희가 나를 믿지 아니함이요"요 16:8-9. 또한 사도 요한은 "세상을 이긴 이김은 이것이니 우리의 믿음이니라"요일 5:4고 말했다.

승리는 단번에 얻어 영원토록 소유할 수 있는 것이 아니다. 따라서 우리는 한시라도 경계를 늦출 수 없다. 아니, 좀더 정확히 말해 하나님의 평강이 우리 마음을 지키시도록 해야 한다. 한 성실한 노동자는 이 성경 구절을 굳이 "하나님의 한 부분이 너희 마음을 지키시리라"고 인용하였는데 그의 태도는 바람직한 것이었다. 우리를 위해 역사하시는 분은 바로 하나님의 아들 그리스도이기 때문이다.

거룩한 삶을 위협하는 요소는 무엇인가? 경고는 사전 준비를 위해 필요하다. 따라서 준비가 되어 있으면 위험이 닥치더라도 두려워할 필요가 없다.

거룩한 삶을 위협하는 것들은 다음과 같다.

자기 노력

승리하는 삶을 맛본 경험이 있는 사람에겐 그로 인한 기쁨을 계속 간직하려고 애쓰는 경향이 있다. 그래서 끊임없이 자기 노력을 기울인다. 우리 안에 거하시는 그리스도에게 몰두하지 않으면 주님을 놓칠지도 모른다는 강박 관념 때문이다. 그 이유는 승리하는 삶을 하나님의 축복으로, 다시 말해 얻었다가 잃을 수도 있는 소유물로 여기기 때문이다. 사탄은 어떻게 해서라도 우리가 이러한 생각에 빠지게 하려고 애쓴다.

승리하는 삶이 우리에게서 사라질 수도 있는가? 그렇지 않다. 승리하는 삶이란 얻기도 하고 잃기도 하는 물건이 아니다. 그것은 하나의 인격으로서 예수 그리스도 자신이다.

주님은 우리가 그분을 소유하도록 오신 것이 아니다. 그분이 우리를 소유하기 위해 오셨다. 그러므로 우리가 주를 놓칠 염려는 없다. 그분께서 우리를 꼭 잡고 계시기 때문이다.

주님은 "내가 과연 너희를 버리지 아니하고 과연 너희를 떠나지 아니하리라" 히 13:5고 약속하셨다.

내가 성령 충만보다 변치 않는 그리스도를 강조하고 싶은 이유는 바로 그 약속 때문이다.

이전엔 축복을 원했으나 지금은 주님을 구합니다.
이전엔 감정의 고조를 원했으나 지금은 주님의 말씀을 원합니다.
이전엔 주님의 은사를 원했지만 지금은 주님 자체를 원합니다.
이전엔 주님의 치유를 원했으나 지금은 치료자 되신 주님을 원합니다.

우리가 주님을 지키는 것이 아니라 주님이 우리를 지키는 것이다. 주님은 우리를 능히 지키실 수 있다. 우리는 주 예수님과 더불어 모든 것을 생각해야 한다.

믿음과 사랑 안에서 주님을 바라본다는 것은 우리 안에 기꺼이 들어오신 그분을 우리 힘으로 붙잡아야 한다는 뜻이 아니다. 우리는 긴장된 마음이 아닌 평온한 마음으로 주님을 바라보아야 한다.

"내 안에 거하라"고 주님은 말씀하셨다. 당신이 승리하는 삶을 원한다면 단지 주님 안에 평화롭게 거하기만 하면 된다. 염려와 유혹이 다가올 때엔 토끼가 바위 뒤에 몸을 숨기듯 만세 반석이신 "주 안에 숨으라."

들의 백합화가 어떻게 자라는지 생각해 보라. 자신의 노력이나 수고, 땀 흘림으로 자라는 것이 아니다. 그것들은 단지 햇빛을 받으면서 생명력을 빨아들일 뿐이다. "누가 염려함으로 그 키를 한 자나 더할 수 있느냐"고 주님이 산상수훈을 통해 물으셨다. 이것은 단순히 우리의 키, 즉

신장을 두고 하신 말씀이 아니다.

승리하는 삶을 지속시키는 것은 우리의 믿음이 아니라 주님의 성실하심이다.

"여호와를 의뢰하여 선을 행하라 땅에 거하여 그의 성실로 식물을 삼을지어다" 시 37:3.

우리를 둘러싼 악과 싸울 때 주님만을 의지해야지 우리 자신의 힘과 노력을 의지해서는 안 된다. "보라 내가 너희를 보냄이 양을 이리 가운데 보냄과 같도다"라고 주님이 사도들을 파견하면서 말씀하셨다.

또 어떤 말씀을 하셨는가? 완전 무결하게 무장하도록 하라고 하셨는가? 아니다. "너희는……비둘기같이 순결하라"마 10:16고 말씀하셨다. 왜 이런 말씀을 하셨을까? 주님이 친히 우리의 방어벽과 방패가 되시기 때문이다.

유혹

승리하는 삶이란 유혹이 배제된 삶이 아니다. 늘 승리하는 삶을 사신 분은 오직 주님 한 분이시다. 주님은 죄가 없으셨지만 우리와 동일한 유혹을 받으셨다. 죄 없는 천사들 가운데도 유혹을 이기지 못하고 타락한 천사들이 있다. 그러므로 마귀가 우리를 유혹하는 것은 놀라운 일이 아니다.

사탄은 어떻게 해서라도 우리를 승리하는 삶으로부터 끌어내리려고 한다. 승리하는 삶이야말로 그리스도인들에게 가장 필요하다는 것을 알기 때문이다. 하나님의 자녀들은 모두 유혹을 받는다. 그러나 우리는 유혹을 기쁨으로 여길 수 있다. 왜냐하면 우리 믿음의 방패가 "능히 악한 자의 모든 화전을 소멸할"엡 6:16 수 있다고 말씀하셨기 때문이다.

실족했을 때 체념함

우리가 죄를 범할 가능성은 늘 존재하나 대비책이 마련되어 있다. "만일 기름 부음을 받은 제사장이 범죄하여 백성으로 죄얼을 입게 하였으면……"레 4:3. "이것은 죄를 피할 수 없다는 것을 나타내는 말씀이 아닌지요?"라고 묻던 사람이 있었다. 그렇지는 않다. 항해하는 모든 배에는 구명 보트가 준비되어 있다.

이것은 배를 난파시키는 것이 선장의 의도라는 말이 아니다. 또한 모든 배가 반드시 침몰할 것이라는 말도 아니다.

죄를 지을 가능성은 제사장이나 백성 모두에게 있다는 것을 암시한 것이다.

승리하는 삶은 믿음의 행위를 통해 얻어지며 그 믿음이 변치 않는 한 지속된다.

순간적인 실수로 죄를 범하는 경우를 생각해 보자. 어떤 일이 벌어질까? 사탄은 얼른 틈을 타 우리에게 승리하는 삶 따위는 존재하지 않는다고 믿게 함으로써 자신의 위치를 확보하려 들 것이다. 혹은 존재한다 하더라도 우리는 그 축복을 누리지 못했다고 할 것이다. 아니면 한때 승리하는 삶을 살았다고 하더라도 지금은 영영 사라져 버렸다고 설득할 것이다.

게다가 승리를 경험하지 못한 동료 그리스도인의 삶이 사탄의 주장을 뒷받침할 것이다. 경건하고 신실한 그리스도인들이라고 할지라도 당신이 알고 있는 승리하는 삶은 이단적 발상이라고 단정할 것이다.

사탄의 말에도, 사람들의 말에도 귀 기울이지 말라. 성경에는 승리하는 삶에 대한 가르침이 가득하다. 사람들이 이단적 생각이라고 단정하는 것들은 바로 그리스도의 가르침이며, 바울의 서신과 요한의 서신에서도 여러 번 나타난다.

하나님은 우리가 그토록 많은 죄를 범하였는데도 승리하는 삶을 주셨다. 그렇다면 한 번쯤 더 실족했다고 해서 승리하는 삶을 거두어 가시겠는가? 절대로 그렇지 않다.

사탄이 당신을 속여 승리하는 삶을 포기하게 하는 데 실패했다면, 그는 당신이 승리하는 삶을 회복할 시기를 늦추려고 할 것이다. 비참하게 실족했으니 하나님으로부터 잠시 숨어 있어야 한다고, 승리하는 삶을 다시 시작하려면 많은 시간이 필요하다고, 회복의 과정은 험하며 다시금 애써야 한다고 속삭일 것이다. 이러한 사탄의 속삭임에 대해 어떤 대답을 할 것인가?

우리는 우리 편에서의 노력이나 수고로 승리하는 삶을 살 수 없음을 명확하게 보여 주었다. 따라서 우리가 아무리 애를 쓰더라도 승리하는 삶을 회복할 수 없다는 사실은 명백하다. 우리가 죄를 범했을 때 주님은 즉시 용서를 구하고 그분을 의지하기 바라신다.

주님은 우리가 죄를 회개하는 즉시 용서하시고 회복시키신다. 구약 시대에도 마찬가지였다. 다윗 왕이 "내가 여호와께 죄를 범하였노라"고 회개하고 나니 "여호와께서도 당신의 죄를 사하셨나이다"라고 선지자 나단은 즉시 말했다.

"만일 우리가 우리 죄를 자백하면 저는 미쁘시고 의로우사 우리 죄를 사하시며 모든 불의에서 우리를 깨끗케 하실 것이요" 요일 1:9. 당신이 실족한다고 그리스도가 약해지시는 것은 아니다. 주님은 변함없이 당신을 지키실 것이다. 일단 죄를 용서받은 후에는 그 죄책감을 떨쳐 버리고 더 이상 생각하지 말라. "나는……오직 한 일 즉 뒤에 있는 것은 잊어버리고 앞에 있는 것을 잡으려고……좇아가노라" 빌 3:13고 바울은 말했다.

이것은 죄를 경히 여기거나 과소평가하라는 말이 아니다. 승리하는 삶을 살고 있는 사람만큼 죄 짓는 것을 겁내는 사람은 없다.

그러나 지난 죄를 생각하는 것은 거룩한 삶과 우리 자신의 존귀함을 가로막는 큰 장애물 가운데 하나이다. 과거에 대한 집착은 우리의 확신을 약하게 만들며 우리의 가치를 희석시키며 죄를 지을 때의 쾌감을 상기하게 한다. 하지만 뒤따르는 것은 설득력 없는 간증, 헛된 사역, 또 한 번의 실족뿐이다.

후회나 고통, 자책으로 죄의 상처를 치유할 수는 없다. 이 모든 것은 그리스도의 피로써 해결할 수 있다.

성령을 선물로 주신 오순절 이후 그리스도인들에게 죄 사함을 위해 기도하라는 말씀은 그 어디에서도 찾아볼 수 없다. 대신 죄를 고백하기만 하면 죄 사함을 받는다. 이유는 단 한 가지, 즉 그리스도의 성령이 우리 안에 거하시면 죄를 미워하시므로 죄 사함을 위한 회개를 하지 않을 수 없다는 것이다.

자만

"그리스도가 우리 안에 계신다는 사실과 그분의 존재를 의식함으로써 놀라운 확신을 갖게 됩니다. 그러나 지나친 확신은 오히려 위험합니다." 라고 어느 명망 있는 사역자가 말했다.

그가 강조하고자 하는 사실이 무엇인지 알 것이다. 과거의 승리하는 삶이 현재의 승리를 보장하지 않는다는 것이다. 아마 당신은 오랫동안 지속적으로 승리하는 삶을 살았을지도 모른다. 이것은 그리스도가 원하시는 삶이기도 하다. 그러나 그 지속 시간이 길면 길수록 우리는 자신감을 갖게 되어 무방비 상태가 되기 쉽다. 이러한 위험성을 바울은 이미 간파하고 있었다.

"그런즉 선 줄로 생각하는 자는 넘어질까 조심하라"고전 10:12. 우리는 결코 자신의 연약함을 강하게 할 수 없다는 사실을 명심하라. "우리의 만족은 오직 하나님께로서 났느니라"고후 3:5. 우리는 무슨 일이든지 우리에게서 난 것같이 생각하여 스스로 만족해서는 안 된다.

모든 것이 그리스도의 것이고 모든 일을 그리스도가 주관하신다. "너희 안에서 행하시는 이는 하나님이시니 자기의 기쁘신 뜻을 위하여 너희로 소원을 두고 행하게 하시나니"빌 2:13.

트럼벌은 『승리하는 삶의 위험』 Perils of the Victorious Life이라는 그의 저서에서 "그리스도만이 우리의 승리가 되신다. 우리가 10년 동안 승리하는 삶을 살았다고 해서 그리스도의 일에 보탬이 되지는 못한다. 또한 그분의 은혜를 증가시킬 수도 없다. 주님의 능력은 무한하다. 따라서 우리의 업적 때문이 아니라 그분의 은혜로 지속적인 승리를 보장받는다. 우리가 오랫동안 승리하는 삶을 지탱해 왔더라도 우리 힘으로는 미래의 승리를 보장할 수 없다."고 말했다.

오랫동안 승리하는 삶을 지속했다고 해서 사탄의 힘을 약화시킬 수는 없다. 사탄은 여전히 강하고 분주하며 악의에 차서 기회를 엿보고 있다. 우리가 영적으로 지나치게 교만해질 때 사탄은 틈입한다.

불순종

그리스도의 내주하심에 대한 설교를 마치자 매우 행복해 보이는 부부가 내게 면담을 요청했다. 먼저 남편이 말했다. "저희는 지난 몇 달 동안 승리하는 삶을 살았습니다. 승리하는 삶에 대한 진리를 깨닫고 나니 삶이 완전히 바뀌더군요. 그래서 저희 부부는 오랫동안 성찬식에 참여하지 않았습니다. 이것은 잘못된 행동일까요?"

나는 "왜 성찬식에 참여하지 않았습니까?"라고 물었다. "그리스도가 우리 마음에 오셔서 거하신 후엔 성찬이 필요 없다고 바울이 말했으니까요."

나는 성경 어디에 그런 말씀이 있느냐고 물었다. "바울은 '너희가 이 떡을 먹으며 이 잔을 마실 때마다 주의 죽으심을 오실 때까지 전하는 것이니라' 고전 11:26고 말하지 않았나요? 지금 주께서 제 안에 와 계십니다. 그래서 저희는 성찬식에 참여하지 않은 것입니다." "주가 오실 때까지"라는 바울의 말은 주님의 재림을 뜻한다는 것을 그들 부부는 모르고 있었던 것이다.

바울도 그 당시 승리하는 삶을 살고 있었으며 그것에 대해 설교도 했다. 그러나 여전히 성찬식에 참예했다. "이는 우리가 다 한 떡에 참예함이라"고전 10:17고 그가 말하지 않았던가? 우리는 주님의 명령을 하나라도 어겨서는 안 된다.

그러나 주님은 얼마나 자비로우신지. 그 부부는 하나님께 불순종했지만 매우 행복해 보였다. 그들이 성찬에 참여하지 않았던 것은 불신 때문이 아니라 무지 때문이었다. 자비로우신 주님은 그들에게 은혜를 주시사 적시에 그들을 보다 좋은 길로 인도하신 것이다.

진보적 사고를 가진 영국 국교회의 교인들을 만난 적이 있다. 그들은 승리하는 삶에 대한 내 설교를 듣고 감명을 받았으나 한편으로는 그러한 가르침이 성례전의 필요성을 없앨지도 모른다고 우려하였다. 하지만 그러한 염려로 마음을 어지럽게 할 필요가 없다.

승리에 대한 가르침은 앞서 말했듯이 전적으로 성경의 가르침을 토대로 한 것이다. 성령을 통한 그리스도의 내재하심과 "인자의 살을 먹지 아니하고 인자의 피를 마시지 아니하면 너희 속에 생명이 없느니라"요 6:53는 주님의 말씀이 어떤 상관성이 있는지 설명하기엔 지면이 부족하다.

우리 안에 성삼위의 인격이 계시다는 것을 기억하라. "사람이 나를 사랑하면 내 말을 지키리니 내 아버지께서 저를 사랑하실 것이요 우리가 저에게 와서 거처를 저와 함께하리라"요 14:23. 우리는 우리 안에 성령이 거하시고 "영원토록 우리와 함께 있을 것"요 14:16을 알고 있다.

우리의 영혼과 육체와 마음을 완전히 성화시키시는 분은 성부와 성자와 성령이시다. 그러나 주님의 계명을 하나라도 지키지 않으면 승리하는 삶을 살 수 없다는 것을 우리는 믿는다. 주님이 이것을 행하라고 명하실 때 우리는 순종해야 한다. 우리가 주님을 사랑하면 그의 계명을 지키지 않을 수 없다.

실수하지 않는다고 장담함

일부 독자들에게는 이 충고가 우습게 여겨질지 모른다. 그러나 실수를 안한다고 장담하는 것은 매우 위험하다. 주님과의 지속적인 교제에는 커다란 기쁨이 있다. 그리고 종종 놀라운 능력을 의식하게 된다. 그 능력은 우리의 것이 아니라 내주하시는 그리스도의 능력이다. 어떤 문제에서든 우리가 하나님의 뜻을 모두 알고 있으므로 자신의 생각이 항상 옳다고 생각할 위험이 있다.

언젠가 경건한 그리스도인들 네 명과 함께 생활할 기회를 가졌다. 그들은 경건 생활에서 나와는 비교도 안 될 정도로 많은 경험을 갖고 있었다. 그들 가운데 한 사람은 하나님에 관해 많은 것을 알고 있었고 기도 시간도 꽤 길게 가졌다. 그러나 자기가 그리스도의 마음을 지니고 있다고 생각하는 그는, 자기의 생각과 다른 것들은 모두 잘못된 것으로 여기는 경향이 있었다. 하지만 나를 비롯한 나머지 세 사람은 종종 그와 다른 생각을 갖곤 했다. 결과적으로 그의 생각이 틀리고 우리의 생각이 옳았다.

어느 날 아침 우리 중 지도자격인 사람이 조용하고 부드럽게 이야기했다. "여러분, 우리 가운데 어떤 사람은 하나님의 인도를 받고 있다고 생각하는 것 같습니다." 내 말을 오해하지 말기 바란다. 이 이야기를 하는 이유는 모든 일에 자기 주장을 내세우는 독선적이고 자기 중심적인 사람을 탓하기 위해서가 아니다. 내가 이야기하는 사람은 경건하고 겸손하며 이기심이라곤 없는 사람이다. 그러나 그는 자기가 하는 일이 모두 하나님의 인도하심을 받고 있다는 강한 신념에 사로잡혀 있었다.

제아무리 경건한 사람이라도 때로는 영적 귀머거리가 되는 수가 있다. 인간은 항상 하나님의 음성을 들을 수 없다. 청각 장애인들은 전화를 받았을 때 전달 내용을 제대로 파악할 수 없다. "하나님의 뜻을 완전히 행해야"요 7:17 교훈을 완전히 알게 된다.

우리는 실수를 범할 수 있다는 것을 인정해야 한다. 누구나 실수할 수 있다. 그렇다고 다수의 의견이 항상 옳다는 것은 아니다. 가나안 땅을 정탐한 사람들 가운데 열 사람은 "우리는 능히 올라가서 백성을 치지 못하리라"고 말했고, 두 사람만이 "우리가 곧 올라가서 그 땅을 취하자 능히 이기리라"민 13:30고 말했다. 그러나 백성들은 열 사람의 의견을 따랐고 그로 인해 비참한 생활을 하게 되었다. 두 사람의 말이 옳았다. 그들은 하나님과 같은 생각을 했기 때문이다.

세상을 도외시함

한 헌신된 그리스도인이 '티어더월드'Torthorwold라고 불리는 집에 살고 있었다. 그러나 이웃들은 그가 '디 아더 월드' T'other world, 즉 다른 세상에 살고 있다고 말했다. 사실상 그는 사람들의 말처럼 다른 세상에 살고 있는 것처럼 행동했다. 자기가 사는 세상과 집을 보다 좋게 만들고자 부단히 애쓰는 것을 사람들은 알았던 것이다. 그리스도인들은 두 개의 세상을 동시에 살고 있다. 따라서 양쪽 모두에 책임을 지고 있다.

어느 백발의 신부가 "제가 꼬마들과 구슬치기를 하는 것이 볼썽사납다고 생각하십니까?"라고 묻는다면 여러분은 어떠한 대답을 하겠는가?

만일 사탄이 성화된 사람으로 하여금 세상의 모든 즐거움을 죄악시하도록 만든다면 그는 매우 기뻐할 것이다.

사랑하는 하나님의 자녀들이여! 속임수만 쓰지 않는다면 꼬마들과 구슬치기 하는 것이 뭐가 나쁜가? 우리는 영적 삶과 육적 삶을 동시에 살고 있다. 원하든 원치 않든 대부분의 시간을 육신의 일에 쏟고 있다.

우리는 공동체의 일원이다. 하나님은 인간이 홀로 살도록 하지 않으셨다. 하나님은 최초로 인간을 지으신 후 두 가지 말씀을 하셨다. 보시기에 "심히 좋았더라"는 것과 "사람의 독처하는 것이 좋지 못하니" 창 2:18라는 것이다.

모든 사람은 가정에서 태어난다. 모든 사람은 인간관계를 갖는다. 우리가 해야 할 일은 사람들에게 사랑을 전하는 것이다. 삶에서 친절을 보여 줌으로써 다른 사람들과의 접촉점을 마련해야 한다. 사랑은 행위를 통해 증명된다.

우리는 하나님의 자녀로서 거룩해야 하고, 인간이기에 인간적이어야 한다. 우리가 하나님의 사랑을 보여 주려면 주위 사람들을 더 많이 사랑해야 한다.

어쨌든 작은 자들과 뛰놀고 큰 자와 사귀어야 한다.

승리하는 삶을 사는 사람이야말로 가장 행복하고 인간적인 사람이다. 그들에겐 주님의 기쁨이 넘치며 순결한 기쁨과 웃음이 넘친다. 우리는 이 세상을 보다 행복하게 만들기 위해 살고 있다. "여호와를 기뻐하는 것이 너희의 힘이니라" 느 8:10. 우리는 항상 기뻐해야 한다. 이 세상에서부터 기뻐할 줄 알아야 한다.

어떤 가정 주부가 경건한 삶의 비결을 찾기 위해 성경을 열심히 뒤지고 있었다. 그녀는 영적 지침을 찾는 데 몰두하여 집안 일을 지겹게 여기고 그것들을 성의 없이 대충 해치웠다. 그로 인해 가정의 행복이 사라졌다.

어느 날 그녀가 열심히 성경을 읽고 있을 때 어린 딸이 망가진 인형을 들고 그녀에게 아장대며 걸어왔다. "엄마, 인형 고쳐 주세요." 그러나 그녀는 "인형 고치는 일보다 더 중요한 일이 있단다!"라고 말하면서 딸의 말을 묵살해 버렸다. 어린 딸은 슬퍼하면서 돌아섰고 그녀는 성경 읽는 일을 계속했다.

그래도 별다른 감동을 받지 못한 그녀는 한숨을 쉬며 성경책을 덮었다. 그리고 어린 딸에게 가보았다. 딸 아이는 인형을 꼭 쥔 채 난롯가에서 잠들어 있었다. 그 애의 예쁜 얼굴엔 눈물 자국이 선명했다. 그 모습을 본 그녀의 마음이 저렸다. 그 순간 하나님의 음성을 들었다. 그래서 아이에게 다가가 뺨에 입을 맞추어 잠을 깨웠다. 아이를 끌어안은 채 그녀는 하나님께 용서를 구했다.

자신이 해야 할 일을 제대로 하지 않는 한 경건 생활을 할 수 없다는 것을 깨달았다.

그 후 주님을 향한 그녀의 헌신된 생활은 망가진 인형을 고치는 사소한 가정일에서부터 시작되었다. 그리고 나니 늘 보아 오던 성경이 하나님의 말씀으로 새로이 인식되기 시작했다. 드디어 그녀의 표정엔 승리의 기쁨이 넘쳤다.

주 예수님은 아이들이 노는 모습을 바라보셨고, 어부들과 농부들이 일하는 모습을 지켜보셨으며, 몸소 일을 하셨고, 혼인 잔치에도 참석하셨다. 주님은 우리가 일상적인 삶에 깊은 관심을 가지기를 원하신다. 주님은 우리에게 기쁨을 누릴 수 있게 하시어 그분의 선물인 삶을 즐기는 것을 보기 원하신다.

주님이 주신 우리의 육신은 음식과 일과 운동과 휴식을 필요로 한다. 주님은 우리가 먹는 것과 일하는 것과 쉬는 것을 모두 즐기기를 원하신다. 아름다운 세상, 별들로 가득 찬 신비하고 무한한 우주, 음악 소리, 하늘과 바다의 푸른 빛, 아름다운 경치 등 모든 것으로 인해 즐거워한다. 어느 동요 작가는 이렇게 노래했다.

밝고 아름다운 만물
크고 작은 피조물
지혜롭고 기이한 생물
이 모든 것을 지으신 이는 하나님이라네.

만물은 하나님의 영광과 우리의 기쁨을 위한 것이다.

이 세상은 수많은 일들로 가득 찼네.
나는 모든 이가 왕처럼 행복할 것을 믿네.

하나님은 그분의 자녀들의 의복과 태도에까지 관심을 갖는 분이시다. 우리가 멋진 그리스도인이 되기를 하나님은 정녕 원하신다. 만군의 주 하나님을 위한 일도 급하지만 그것을 핑계로 주위 사람들에게 무례하거나 소홀해서는 안 된다.

　나는 인도로 항해하던 중 독실한 육군 소령을 만났다. 그는 방탕한 삶을 청산하고 그리스도를 영접한 뒤 줄곧 성경에 몰두해 있었다. 그는 어떤 종류의 오락도 삼갔다. 심지어 갑판에서 벌어지는 고리 던지기 놀이마저도 피하였다. 영국에서 한 공립 학교에 다니는 그 소령의 아들이 내게 편지를 보냈다.

> 저는 선생님이 아버지를 만나 주신 것을 다행이라고 생각합니다. 아버지가 영국 국교회로 개종하도록 도와주십시오. 아버지의 종교가 아버지를 불행하게 만들고 있습니다.

　그가 아버지와 함께 지내면서 즐거운 시간을 갖지 못했기에 아버지의 종교를 못마땅하게 여겼던 것은 당연하다. 하나님은 인간이 비참한 생활을 하도록 만드시는 분이 아니다. 또한 주 예수님도 우리의 신앙생활이 고행의 길이 되는 것을 바라시지 않는다.

　주님은 "내가 이것을 너희에게 이름은 내 기쁨이 너희 안에 있어 너희 기쁨을 충만하게 하려 함이니라"요 15:11고 하셨다. 영적 생활과 육적 생활에 최선을 다하는 것이 바른 길이다.

감정적 흥분

　신자가 고의적으로 짓는 죄를 이기고 승리하는 삶을 시작하게 되면 마치 하늘이라도 나는 듯한 기쁨과 전율을 느끼는 경우가 종종 있다. 하지만 누구나 이러한 체험을 하는 것은 아니다. 또 감정적 체험이 뒤따르지 않았다고 해서 그리스도가 충만히 임하시지 않은 것은 아니다.

하나님은 우리가 감정보다는 하나님과 하나님의 말씀을 믿고 의지하기를 바라신다. 하나님은 그분의 임재 방식에 대해 선입견을 갖고 우리의 승리와 그의 내주하심을 시험하는 위험으로부터 우리를 구하고자 하신다.

승리와 축복 자체보다는 그것들을 주시는 분을 보다 더 생각하라.

스펄전의 말을 기억하라. "제가 예수를 바라보니 평화의 비둘기가 제 마음속으로 날아 들었습니다. 그러나 제가 평화의 비둘기를 바라보았을 때 그만 날아가 버리고 말았습니다."

당신의 승리를 확인하거나 시험하지 말라. 오로지 그리스도를 지속적으로 믿으라. 주님은 우리의 기대를 저버리시지 않는다. 감정적 흥분이나 전율 같은 것을 의지하지 말고 오직 믿음에 의한 승리하는 삶을 시작하는 것이 훨씬 좋다.

일단 그 흥분이 가라앉으면 삶이 지루하고 단조롭게 여겨지고 그렇게 되면 승리하는 삶마저 사라져 버렸다고 생각하는 시험에 들기 쉽기 때문이다. 사실 fact-믿음 faith-감정 feeling. 이것이 바른 순서이다.

세상의 오해

평생 동안 승리하는 삶을 사신 분은 오직 인자이신 예수 그리스도뿐이시다. 하지만 그분이 이 세상에서 사실 때 많은 종교 지도자가 그분 안에 있는 승리하는 삶을 보지 못했다. 그들은 예수님을 '모주꾼'으로 불렀다.

또한 그리스도를 보고 "우리는 이 사람이 죄인이라는 것을 안다."고 말했다.

이처럼 사람들이 우리 안에 있는 승리하는 삶을 보지 못하더라도 놀랄 필요가 없다.

우리는 겸손해야 한다. 사람들이 우리를 훼방하고 우리의 신실성이나 정통성을 부인하더라도 분이나 독한 마음을 품어서는 안 된다. 한순간이라도 내가 너보다 거룩하다는 우월감을 가져서는 안 된다. 그렇지 않으면 우리의 승리가 파괴될 수 있기 때문이다.

우리는 사람들로부터 오해받기 쉽다. 그러나 우리의 진짜 적은 이 세상보다는 교회 안에 더 많다.

마귀는 교회라는 밭에 가라지를 뿌려 놓았는데 가라지와 밀을 구분하실 수 있는 분은 오직 하나님뿐이다. 교회 안의 가라지, 즉 사탄의 자식들은 하나님의 자녀를 거스를 것이다. 주님은 단순히 믿지 않는 사람들을 마귀의 자식이라고 부르지 않으셨다. 그는 종교적 불신자만을 그렇게 부르셨다마 13:25, 38, 23:15 ; 요 8:38-44 참조. 이것은 충격적인 사실이긴 하지만 우리가 명심해야 한다.

종이 주인보다 위대할 수는 없다. 그리스도도 종교인들의 반대를 당하셨는데 우리들이야 오죽하겠는가! 그러나 우리가 그들의 박해를 받을 때 오히려 그것을 기회로 삼아 우리의 말이 아닌 삶을 통해 승리하는 삶을 증명해 보이라.

이를 위해서는 예수 그리스도를 통한 승리하는 삶을 살아야 한다. 우리를 둘러싼 몇몇 사람들의 반대와 비난과 정죄가 있을지라도 그리스도를 통한 승리로 기뻐하고 즐거워하라. 그리하면 그들도 우리 안에 있는 견고한 성을 파하는 하나님의 강력한 힘을 보게 될 것이다.

내일로 미룸

아주 간단한데도 자주 망각하는 사실을 독자들에게 일깨우고자 한다. 승리하는 삶을 살 수 있는 때는 바로 이 순간이라는 사실이다. 그리스도를 통한 승리는 바로 이 순간에 얻어야 한다. 승리하는 삶은 언제 닥칠지 모를 비상시를 위해 필요한 것이 아니다.

많은 사람이 내주하시는 그리스도를 증거할 때를 기다린다. 이를테면 기도 모임이나 야외 집회 혹은 뜻이 맞는 사람들과 이야기할 때를 기다리고 있다. 그러나 승리를 맛볼 순간은 바로 지금이다.

하나님은 빛이시요 사랑이시다. 주님은 우리에게 빛을 비추라고 말씀하셨다. 가끔씩 비추라는 것이 아니라 언제 어디서나 빛을 발하라고 명하셨다.

아침에 잠에서 깨면 "내게 사는 것이 그리스도"라고 기쁘게 고백하면서 그날 만날 모든 사람에게 그리스도의 영광을 보여 주겠다는 결심을 하라. 그리고 자신을 계속 살피라. 가정에서는 가족에게, 직장, 일터, 상점, 선박, 공장, 학교 등지에서는 동료들에게 당신 마음속에 있는 그리스도를 나타내라. 점원이나 우편 배달부, 버스 안내원들에게 당신 안에 숨겨진 그리스도를 왜 보여 주지 않는가? 이제 "뭇사람이 알고 읽는"고후 3:2 그리스도의 편지가 되라.

교양은 있지만 술에 찌든 생활을 하던 친구 하나가 순회 선교단의 찬양을 통해 그리스도를 영접했다. 그 다음날 그는 차를 탔다. 그의 모습을 본 안내원이 어리둥절했다. 그의 옷차림은 여전히 추레한데 얼굴은 천국과 같이 빛나고 있었기 때문이다.

"누군가 죽으면서 당신에게 많은 재산이라도 물려준 듯한 표정을 짓고 계시는군요." "맞습니다. 예수 그리스도가 나를 위해 죽으셨고 그의 영적 보물을 물려주셨지요." 안내원은 "그렇다면 당신에게 더 좋은 옷을 입힐 수도 있을텐데."라며 빈정거렸다. 그런데 실제로 주님이 그에게 좋은 옷을 입혀 주셨다.

우리를 모르는 사람들도 우리의 기쁨에 대해 관심을 갖는다.

그러나 그러한 기회를 기다릴 필요는 없다. 지금 당장 승리하는 삶을 살도록 하라. 그리스도와 교제하는 삶에서 당신을 통해 그분의 영광이 빛나게 될 것이다.

> "나에게 이 은혜를 주신 것은 측량할 수 없는 그리스도의 충성을 이방인에게 전하게 하시고 영원부터 만물을 창조하신 하나님 속에 감추었던 비밀의 경륜이 어떠한 것을 드러내게 하려 하심이라 이는 이제 교회(즉 여러분과 나)로 말미암아……하나님의 각종 지혜를 알게 하려 하심이니" 엡 3:8-10.

그렇다. 이것이야말로 하나님의 놀라운 생명이요 말로 형언할 수 없는 영광이다.

승리의 삶을 산
위대한 그리스도인

리처드 백스터

리처드 백스터 Richard Baxter 1615-1691

영국의 대표적인 청교도 목회자 리처드 백스터는 그 누구보다도 뜨거운 구령의 열정을 간직한 설교자였다. 절대 권력 앞에서도 기죽지 않고 프로테스탄트 교회의 분열을 반대하는가 하면 가톨릭과의 타협은 목숨을 걸고 거부하였던 그는 실로 당시 영국에서 일어난 거의 모든 논쟁에서 중심 역할을 한 인물이라고 할 수 있다.

백스터는 허약한 체질과 궁핍한 집안 형편으로 인해 당대의 청교도 지도자들과는 달리 정규 교육을 제대로 받지 못했다. 그러나 독서와 사숙으로 갈고 닦은 그의 학문은 명문대 출신 학자들 가운데서도 소수만이 견줄 수 있을 정도로 탁월했다. 영국 남부의 키더민스터에서 목회를 시작하여 부흥의 불길을 일으킨 그는 1642년에 일어난 청교도 혁명 때 의회파 군대의 군종 목사를 지내기도 했으며, 이후로도 비국교도 신자들의 지도자이자 대변인으로서의 역할을 다하였다.

1660년 다시 국교도들이 권세를 잡으면서 백스터 역시 영국 국교회의 제도를 선택할 것을 촉구받았지만 굽히지 않았고 이 때문에 극심한 핍박을 받게 되었다. 그는 국교회에서 추방당했고 설교권마저 빼앗겼다. 1685년에는 소란죄로 심문을 받고 투옥되기까지 하였다.

백스터가 사무했던 키더민스터의 교회 앞에 세워져 있는 백스터 기념 동상

18개월에 걸친 감옥 생활에도 그는 변절하지 않았고 묵묵히 집필에만 열중하였다. 『참 목자상』, 『성도의 영원한 안식』을 비롯하여 신앙, 목회적 관심, 종교적 관용 등 여러 영역에 걸친 탁월한 그의 저작들은 그 시기를 전후하여 완성되었고 지금까지도 수많은 그리스도인에게 영향을 끼치고 있다.

백스터는 결국 긴 수감 생활로 건강을 해쳤고 풀려난 이후에도 병마에 시달려야 했다. 그러나 그는 '죽어 가고 있는 사람이 죽어 가고 있는 사람에게' 하듯 하는 간절한 설교를 그치지 않았다. 그는 탁상공론만 하는 신학자가 되기를 원치 않았다. 그는 때로는 불과 같이 때로는 칼과 같이 예리하고 명료한 말로 확실한 회개와 거듭남의 길로 성도들을 이끌고자 노심초사하였다. 또한 습관적 지도에 젖은 목회자들을 각성시키고 헌신적인 목양을 할 수 있도록 돕고자 골몰하였다.

세상과 타협하고 궁궐에서 사는 것보다 믿음대로 살면서 감옥에 들어가기를 선택했던 그의 깊은 신앙심과 용기는 키더민스터의 교인들이 세운 그의 기념비에도 한 자락 새겨져 있다.

1641년부터 1660년까지 이곳은 리처드 백스터의 일터였다. 이제 여기는 그의 기독교적 지식과 목회적 충실로 인해서 그와 똑같이 유명하게 되었다. 폭풍우가 몰아치는 분열의 시대에 그는 일치와 이해를 옹호하였고 영원한 평안의 길을 제시하였다.

브리지노스에 있는
백스터의 집

최고등 비평이란 하나님의 명령을 실행하는 것은 불가능하다고 믿는 것이다. 그러나 하나님의 말씀을 있는 그대로 받아들일 때 승리하는 삶으로 인한 기쁨을 누릴 수 있다.

13
Highest Criticism
최고등 비평

최고등 비평

최고등 비평이란 하나님의 명령을 실행하는 것은 불가능하다고 믿는 것이다.
그러나 하나님의 말씀을 있는 그대로 받아들일 때 승리하는 삶으로 인한 기쁨을 누릴 수 있다.

승리하는 삶에서 특기할 만한 사실은 이 모든 것이 성경에 쓰여 있음에도 불구하고 성경을 연구하는 사람들이 그것을 깨닫지 못하는 일이 빈번하다는 것이다. 성경에 대해 박식한 사람이라도 성경의 진리를 깨닫지 못할 수 있다.

나도 여러 해 동안 성경을 깊이 연구했으나 뒤늦게서야 깨달음을 얻었다. "우리 자신도 깨닫지 못하는 진리를 어떻게 설교할 수 있습니까?"라고 목회자들은 종종 고백한다.

허드슨 테일러의 고백

왜 우리는 그토록 더디게 진리를 깨닫는 것일까? 하나님께 헌신된 자로 사역에 임한 두 사람의 경험담을 통해 그 원인을 찾아보기로 한다. 중국에서 선교 사역을 하던 허드슨 테일러Hudson Taylor에 대해 먼저 살펴보자. 그가 누이에게 보낸 편지를 보면 자신은 거룩함을 추구하지만 그 방법이 성경에 분명히 제시되어 있음에도 불구하고 깨달을 수가 없었다고 고백하고 있다.

나는 기도하고, 금식하고, 고뇌하고, 노력하고, 결단하고, 부지런히 성경을 읽고, 휴식과 묵상을 위해 많은 시간을 보냈지만 별다른 효과가 없었습니다. 매일, 거의 매순간 죄의식에 사로잡혔습니다.
그때 이런 질문이 떠올랐습니다. '해결책은 없는가? 그칠 줄 모르는 갈등과 승리 대신 너무나 잦은 패배가 끝까지 계속될 것인가?' 나 자신이 미웠고 내 죄가 미웠습니다. 그러나 그것을 이길 힘이 없었습니다. 나는 하나님의 자녀라고 생각했지만 자녀로서의 특권을 누릴 방법을 몰랐습니다. 거룩함, 실제적인 거룩함이란 은혜의 수단을 부지런히 사용함으로써 점진적으로 얻어진다고 생각했습니다. 내가 간절히 바라고 필요로 하는 것이 이 세상에는 없다고 느꼈습니다.
내 영혼의 고통이 극도에 달했을 때, 어느 편지 속의 한 문장을 통해 내 눈의 비늘을 제거하게 되었습니다. 성령님이 우리는 주님과 한 몸이라는 진리를 깨닫게 하신 것입니다.

허드슨 테일러가 말한 편지는 무엇이고 그가 감명을 받았던 구절은 무엇이었을까? 그 편지의 내용은 다음과 같다.

그리스도의 풍성함은 우리의 믿음을 통해 우리에게 흘러듭니다. 그리하여 열매를 맺지 못한 가지가 풍성한 열매를 맺게 되지요. 자기 안에 그리스도를 모신 사람은 거룩한 사람입니다. 우리의 길을 막아 실족하게 하는 것은 불완전한 믿음입니다. 주님 안에 거하십시오. 스스로 애쓰거나 노력하지 말고 주님을 바라보십시오. 완전한 구원, 즉 모든 죄로부터 구원되었다는 것을 알고 기쁨 가운데 거하십시오. 주님을 가장 높으신 분으로 영접하십시오. 이러한 진리가 생소한 것은 아니나 지금 내겐 새롭게 느껴집니다. 나는 끝없는 바다의 가장자리에 있는 것 같습니다. 그리스도는 이제 내게 정말로 완전한 능력으로 보입니다. 섬김을 위한 유일한 능력이며 불변하는 기쁨의 근거로 보입니다.

그렇다면 이제 이 믿음이 성장할까요? 예수님이 오직 우리를 위해 계신다는 사실을 생각할 때 우리의 믿음이 성장합니다. 또한 우리는 늘 주님의 말씀을 묵상해야 합니다. 믿음을 얻으려고 또는 믿음을 증대시키기 위해 애쓰지 않고 신실하신 분을 바라보는 것이 우리에게 필요한 전부인 것 같습니다. 그것은 영원 무궁하신 사랑의 주님 안에서 안식하는 것입니다. 그것은 내게 새로운 것이 아닙니다. 다만 이전에는 잘못 이해하고 있었던 것입니다.

패배에서 승리로

그 편지 가운데 허드슨 테일러의 눈길을 끌었던 것은 편지 하단의 "믿음을 얻으려고 애쓰지 않고 신실하신 분을 바라보는 것이 우리에게 필요한 전부인 것 같습니다."라는 구절이었다.

굳이 그 편지를 인용한 이유는 내가 이 책을 통해 이야기하고자 하는 것을 단적으로 보여 주기 때문이다. 이보다 주요한 이유는 이러한 하나님의 사람들이 그와 같은 진리가 자신들에게 생소한 것이 아니라고 고백했기 때문이다.

그러나 두 사람 다 승리하는 삶을 정말로 열망했음에도 그것을 이해하지는 못했던 것이다.

나 자신의 지난 삶을 돌이켜 보면 승리하는 삶은 새로운 것이 아니고 또 성경에서 무척 명백하게 가르치고 있지만 그것을 보고 붙잡고 이해하지 못했다는 사실만큼 놀라운 것은 없다.

그 이유가 무엇일까? 왜 많은 성경 학자가 승리하는 삶을 살지 못하는 걸까? 많은 사람이 비판적으로-그리고 경건하고 겸손하게-성경을 읽지만 성령의 조명을 구하지 않기 때문이다.

이 말에 분노를 표시하며 그러한 사실을 부인하려는 사람이 많을 것이다. 물론 그들이 고의로 성령의 도움을 거절했다는 뜻은 아니다. 다만 그들이 자신을 속이거나 사탄에게 미혹되었을지도 모른다는 말이다.

심지어 경건한 모울 주교는 신학교 학장까지 지냈지만 승리에 대한 가르침을 알지 못했다는 것과, 성령의 조명을 받기 전까지는 그러한 가르침이 성경에서 벗어난 것으로 생각했다고 고백했다.

독자들 가운데는 어떻게 모울 주교가 스코틀랜드를 방문했을 때, 승리하는 삶에 대한 진리를 깨닫게 되었는지 기억하는 사람도 있을 것이다. 모두 알다시피 그 후 그의 저서는 승리하는 삶에 관한 주제로 가득 차게 되었다.

성령의 능력 아래서

우리의 무지에 대해 부분적으로나마 깨우치고자 한다. "의문은 죽이는 것이요 영은 살리는 것임이니라" 고후 3:6고 바울은 말했다. 그러므로 성령의 조명이 없으면 말씀을 통해 생명을 얻을 수 없으며 승리하는 삶을 살 수 없다.

"사람이 떡으로만 살 것이 아니요 하나님의 입으로 나오는 모든 말씀으로 살 것이라"마 4:4고 주님은 말씀하셨다. '나온 모든 말씀'이 아니다. 이 말씀의 시제는 현재이다. '나오는 모든 말씀'이다. 그 말씀은 늘 나오고 있다. 다시 말해 성령은 우리에게서 '죽이는 의문'을 없애시고 하나님의 말씀을 믿는 사람들의 마음속에 하나님의 능력과 생명을 가져다 준다.

예수님의 말씀 가운데는 제자들이 이해하지 못했던 것이 많다. 그래서 그리스도는 "진리의 성령이 오시면 그가 너희를 모든 진리 가운데로 인도하시리니"요 16:13라고 말씀하셨다.

지금 우리는 주님이 성령을 통해 말씀하고 계시는 것과 동일하게 기록된 말씀으로 산다. 이 말씀은 성령을 통하여 지금도 여전히 하나님의 입에서 나오고 있다.

니케아 신경에서는 성령을 "주가 되시며 생명을 주시는 분"이라고 일컫는다. 바로 이 성령이 우리에게 승리를 주신다. 또한 성령은 우리에게 하나님의 말씀―글로 쓰여진 성경만을 의미하는 것이 아니라 내주하시는 '말씀'―즉 그리스도의 말씀을 우리에게 알리신다.

그리스도는 성령의 역사하심을 통하여 우리 안에서 나시고 우리 안에 사신다.

나는 "승리하는 삶은 성령 충만과 같은 것인가요?"라는 질문을 종종 받는다. 성령이 하시는 일은 무엇인가? 그가 충만히 임하는 것은 자신에 대해 이야기하기 위해서가 아니라 주 예수 그리스도를 계시하시고 모든 진리 가운데로 우리를 인도하시기 위해서이다. "그가(성령이) 내 영광을 나타내리니 내 것을 가지고 너희에게 알리겠음이니라"요 16:14고 예수 그리스도가 말씀하셨다.

가장 보편적인 실수

승리에 대한 가르침을 듣고 난 사람들이 "전혀 새로운 사실이 아니군요." 하며 즉시 불만을 토로한다. 이 고대의 가르침을 실제로 따르고 싶은 마음이 그들에게 없음을 말투를 통해 알 수 있다.

실로 안타까운 일은 고등 비평을 비난하는 사람들이 소위 최고등 비평이라고 하는 것에 빠져 있다는 것이다. 승리하는 삶에 대한 가르침은 성경을 토대로 했다는 것을 그들은 필히 알아야 한다. 그러나 그들은 공공연히 이것은 불가능하다고 주장한다. 그들은 하나님의 말씀이 진리라는 것은 부인하지 않지만 그 말씀을 실행하는 것은 불가능하다고 암암리에 믿는다.

우리가 그리스도를 말씀대로 받아들일 수는 없을까? 어린아이처럼 단순하게 하나님을 믿을 수는 없을까?

> 우리의 믿음이 보다 순수하여
> 말씀 그대로 주님을 받아들인다면
> 주님의 영광 속에서
> 우리의 삶에 환한 빛이 가득할텐데.

그렇다면 최고등 비평이란 무엇인가? 이것은 우리가 하나님의 명령을 실행하는 것은 불가능하다고 믿는 것이다. 그러나 하나님의 말씀을 있는 그대로 받아들일 때 승리하는 삶으로 인한 기쁨을 누릴 수 있다.

"아무것도 염려하지 말고"라는 빌립보서 4:6 말씀을 예로 들어보자. 우리는 이 말씀에 순종하는가? 아무 염려하지 않는 것이 하나님의 뜻이라고 믿는가? 하지만 모든 염려에서 벗어나지 못하고 있다고 털어놓는 그리스도인이 많다.

몇 년 전 나는 저명한 내과 의사에게 진찰을 받았다. 심장에 이상이 있으니 장기간의 휴식이 필요하다고 의사는 말했다. 아마 그 의사는 내게 걱정거리가 많다는 것을 알아차린 듯했다.

"목사님께 한 말씀 드리겠습니다. 저는 많은 사람을 진찰해 왔습니다. 그런데 목사님 같은 종교 지도자들도 아무런 종교를 갖지 않은 사람과 마찬가지로 자신의 몸에 대해 걱정하고 있다는 것을 발견했습니다."

그 말은 나를 안절부절하게 만들었다. 그것은 일종의 비난이요 책망이었다. 나는 여전히 염려를 떨쳐 버리지 못했다.

그 이유는 무엇일까? 그것은 바로 내 안에 계신 그리스도의 비밀을 알지 못했기 때문이었다.

명심해야 할 세 가지 사항

나의 믿음의 고백과 행동은 일치하지 않았다. 나는 종종 다음과 같은 주님의 명령을 인용하곤 했다.

"네 짐을 여호와께 맡겨 버리라" 시 55:22.

"너희 염려를 다 주께 맡겨 버리라 이는 저가 너희를 권고하심이니라" 벧전 5:7.

"아무것도 염려하지 말고"라는 말씀은 간단하고 분명한 하나님의 명령인데도 내 몸의 상태로 인해 근심하고 염려했다. 이것은 나의 영적 생활에 문제가 있음을 의미했다.

어떠한 문제일까? 그것은 몰라서 안 믿었기 때문이 아니라 알고도 안 믿었기 때문이다.

프란시스 하버갈 Francis Ridley Havergal은 다음과 같이 말했다.

우리가 명심해야 할 세 가지 사항이 있습니다. 첫째, 주님은 우리가 진정 그분의 명령을 지키기를 원하십니다. 둘째, 주님의 명령은 우리를 위한 것입니다. 셋째, 주님은 우리가 그분의 어떠한 명령이라도 지킬 수 있도록 능력을 주십니다. 하나님은 우리가 행하지 못할 명령은 어떤 것도 하시지 않았습니다.

하나님께 모든 것을 맡긴 사람이 왜 염려하는가? 하나님의 사랑과 우리에게 주시는 그분의 능력을 감히 의심하려는가? "아무 염려하지 말라"는 하나님의 명령을 행하는 사람은 누구든지 이 세상이 천국으로 변하는 것을 보게 될 것이다. 그러나 내 힘으로는 명령을 행할 수 없다. 그래서 주님이 오셔서 우리 안에 거하시고, 우리 안에 사시고, 우리가 할 수 없는 것들을 하시는 것이다.

참새가 울새에게 말했다.

"왜 많은 인간은 저다지도 분주하고 걱정거리를 많이 가지고 있는지 정말 알고 싶어."

울새가 참새에게 말했다.

"그들에겐 너와 나를 돌보시는 하늘 아버지가 없기 때문이야."

우리는 우리를 위해 독생자를 내어 주신 하늘 아버지를 분명히 알고 있다. "어찌 그 아들과 함께 모든 것을 우리에게 은사로 주지 아니하시겠느뇨" 롬 8:32. 그런데 왜 염려하는가?

만일 당신이 진정 승리하는 삶을 원한다면 모든 염려를 주께 맡기라. 당신이 염려하고 있는 한 영적 삶에 문제가 생겨 풍성한 삶을 누릴 수 없다. 왜냐하면 당신은 하나님을 믿지 않기 때문이다.

당신 안에 거하시는 그리스도만이 당신이 하나님의 명령을 행할 수 있는 능력을 주실 수 있다.

그러니 "아무것도 염려하지 말라."

우리는 하나님의 말씀을 믿는가

우리는 죄를 짓지 않을 수 있다고 앞서 말했다.

그리스도인들은 고의적인 죄를 짓지 않는다는 것을 증명할 만한 성경 구절이 있다.

"모든 것 위에 믿음의 방패를 가지고 이로써 능히 악한 자의 모든 화전을 소멸하고" 엡 6:16.

"하나님은 미쁘사 너희가 감당치 못할 시험당함을 허락지 아니하시고 시험당할 즈음에 또한 피할 길을 내사 너희로 능히 감당하게 하시느니라"고 전 10:13.

이것은 매우 놀라운 말씀이다. 이 말씀에는 놀라운 가능성이 제시되어 있다. 죄의 뿌리는 불신앙에 있음을 암시하기 때문이다. 모든 슬픔은 죄에서 나며 모든 염려 또한 죄로 인해 생겨 난다. 그러나 주 예수 그리스도를 통해 모든 죄를 정복할 수 있다.

중요한 것은 우리가 하나님의 말씀을 믿느냐, 믿지 않느냐이다. 그리스도인들에게 흔히 있는 섰다, 넘어졌다 하는 경험은 하나님이 계획하신 것이 아니다.

우리가 진정 우리 안에 계신 그리스도의 능력을 믿는다면 그분께 모두 내어 맡겨야 한다.

성경에는 우리를 위로하는 또 하나의 말씀이 있다. "내 은혜가 네게 족하도다"고후 12:9.

이것은 약속이 아니라 사실, 즉 변할 수 없고 움직일 수 없는 사실이다. 어느 집회에서 나는 이 말씀에 대한 설교를 했다.

그러자 한 부인이 와서 이렇게 말했다. "한 가지 조건을 빠뜨리셨습니다." "어떤 조건입니까?" "하나님의 은혜가 족하기 전에 믿음이 필요하지 않습니까?"

여러분에게 믿음이 있건 없건 성경적 사실은 변함이 없다. 당신에게 믿음이 없다고 하더라도 당신을 향한 하나님의 은혜는 족하다. 탕자가 집을 떠나 먼 나라에서 돼지가 먹는 쥐엄 열매로 목숨을 이어 가고 있을 때에도 아버지의 집엔 항상 충분한 양식이 있었다. 그가 집으로 돌아가기만 하면 그 풍성한 양식을 먹을 수 있었다.

이처럼 하나님의 은혜는 늘 풍성하다고 하나님이 친히 말씀하셨다. 불현듯 시험이 닥칠 때 당신은 그 시험에서 벗어나게 해 달라고 기도하는가? 아니면 그 시험을 이기실 그리스도를 바라보는가? "시험을 만났을 때 시험에서 벗어날 방법을 묻지 말고 거기서 무엇을 얻을 수 있을지 물으라."고 어떤 사람이 말했다.

"하나님의 평강이 그리스도 예수 안에서 너희 마음과 생각을 지키시리라"
빌 4:7.

주님은 우리 안에 계시면서 우리의 악한 생각이 나타나면 그것이 행동으로 나타나기 전에 몰아내신다.

만일 당신이 악한 생각들로 인해 고통받고 있다면 내주하시는 그리스도께 그러한 생각들을 물리쳐 달라고 요청하라.

위대한 경험

성숙한 그리스도의 종 웨브 페플로H. W. Webb-Peploe 목사는 "내 은혜가 네게 족하다"는 말씀을 통해 승리하는 삶을 살았다. 사랑하는 자식을 잃은 뒤 그 말씀에 대한 설교를 하고자 했지만 정작 자신의 짐을 주께 맡길 수는 없었다.

그래서 그는 벌떡 일어나 하나님께 "오 하나님, 이 말씀은 사실이 아닙니다. 제게 닥친 슬픔이 너무 커서 당신의 족한 은혜를 발견할 수 없습니다. 제게 풍족한 은혜를 주옵소서."라고 부르짖었다.

그는 무릎을 꿇은 채 그 기도를 반복했다. 그러다가 눈물 어린 눈으로 벽난로 위에 걸려 있는 번쩍이는 벽걸이를 바라보았다. 거기엔 "내 은혜가 네게 족하도다"라는 말씀이 새겨져 있었다.

그 순간 그는 자신의 잘못을 깨달았다. "내가 이렇게 어리석다니! 하나님이 이미 내게 주신 것을 달라고 조르다니. 이제 일어나 주님을 의지해야지." 과연 그는 일어나 주님을 믿었다. 웨브 페플로 목사는 우리처럼 승리하는 삶으로 들어가는 문을 발견했던 것이다.

바울 또한 하나님의 은혜가 족하다는 것을 체험했기에 다음과 같은 약속의 말을 할 수 있었다.

"나의 하나님이 그리스도 예수 안에서 영광 가운데 그 풍성한 대로 너희 모든 쓸 것을 채우시리라" 빌 4:19.

사랑하는 여러분, 이보다 더 큰 약속의 말씀이 있는가?

주님의 채우심은 매순간 이뤄진다. 이스라엘 백성이 먹을 만나는 매일매일 하늘에서 떨어졌었다.

어느 성인은 이렇게 말했다. "하나님은 제 구좌로 수억 원을 입금하셨습니다. 그리고 한 가지 조건을 제시하시고 수표책을 주셨습니다. 그 조건이란 '매번 필요한 양보다 많은 액수를 인출해서는 안 된다.' 는 것이었습니다."

우리는 매순간 하나님으로부터 영적 생명을 공급받아야 한다.

"도둑질하지 말라"에 버금가는 구속력을 지닌 말씀이 있다. 그것은 "주 안에서 기뻐하라"는 말씀이다.

이 말씀의 의미에 대해 생각해 본 적이 있는가?

이것은 주님과 하나됨을 기뻐하라는 것도, 주님의 은혜를 기뻐하라는 것도, 내주하시는 그리스도의 역사하심을 기뻐하라는 것도, 주님과의 교제를 기뻐하라는 것도 아니다. 그냥 그분을, 그분 자신을 기뻐하라는 것이다.

우리가 기뻐해야 할 이유 가운데 이보다 더 중한 것이 있는가?

우리의 기쁨이 죄사함으로 인한 것이라면 죄를 짓는 순간 그 기쁨은 사라질 것이다. 우리의 기쁨이 그리스도가 우리 안에서 우리를 통하여 하시는 일로 말미암은 것이라면, 주님의 행사하심이 무엇인지 알 때에는 사기충천해 있다가 확실히 알지 못할 땐 낙심하게 된다.

그러나 우리의 기쁨이 주님으로 말미암은 것이라면 언제나 변함없이 기뻐할 수 있다. 그러니 주님 안에서 즐거워하라.

"예수를 너희가 보지 못하였으나 사랑하는도다 이제도 보지 못하나 믿고 말할 수 없는 영광스러운 즐거움으로 기뻐하니" 벧전 1:8.

"나와 함께 여호와를 광대하시다 하며" 시 34:3.

주님을 자주 생각하라.

주님의 크신 영광이 당신의 생각과 찬양의 주제가 되도록 하라.

믿음으로 당신 안에 거하시는 영광의 주님을 매순간 기억하라.

그분이 당신의 삶을 주관하게 될 때 "내게 사는 것이 그리스도"라고 기쁘게 말할 수 있을 것이다.

How to Live the Victorious Life

승리의 삶을 산
위대한 그리스도인

존 오웬

존 오웬 John Owen 1616-1683

'영국의 칼빈', '영국 청교도의 황태자', '청교도들의 다윗 왕' 등등의 극찬을 받고 있는 오웬은 흔들림 없는 믿음과 일관되고 균형 있는 가르침, 예리한 통찰로 이후의 개신교도들에게 막대한 감화와 영향을 끼친 위대한 개혁 신학자로 아우구스티누스(Aurelius Augustinus), 루터(Martin Luther), 칼빈(John Calvin)을 잇는 영적 거인이라고 할 수 있다.

영국 웨일스 명문 출신인 그는 12세의 나이에 옥스퍼드 대학교에 입학할 만큼 뛰어난 지적 능력을 갖고 있었다. 그는 대학을 졸업할 즈음 이미 수많은 고전에 통달해 있었고, 헬라어와 라틴어를 유창하게 구사하였으며, 히브리어와 랍비들에 관한 지식에 있어서도 비견할 바 없이 탁월했다. 그러나 독실한 청교도 목회자였던 아버지의 영향으로 경건한 삶을 살고 있기는 했지만, 그가 진정으로 구원의 확신을 얻은 것은 런던 체류 중 우연히 한 시골 목사의 설교를 듣고 난 후였다. 이 확고한 회심의 경험은 그의 신학이 사변적으로 흐르는 일을 막아 주었고, 이후로 언제나 실제적으로 자신과 성도의 거룩을 추구하게 하였다.

청교도 혁명의 와중에 의회에서 여러 차례 설교할 기회를 얻으면서 혁명을 이끌었던 크롬웰(Oliver Cromwell)과 친분을 쌓게

청교도 혁명을 이끌었던
올리버 크롬웰

되었고 그의 군종 목사를 지내기도 했다. 결국 크롬웰의 영향력으로 1652년 옥스퍼드 대학교 부총장의 자리에 올랐고 6년에 걸쳐 관대하면서도 확고한 지침으로 효과적인 행정을 펼쳤다. 그러나 이처럼 그와 여러 면에서 인연이 깊었던 크롬웰이 사망하고 왕정이 복구되고 나서는 오웬의 남은 인생은 반 추방 형태로 집에서만 지내는 것이 되고 말았다. 하지만 그 기간이야말로 오웬이 목사요 설교가로서의 진가를 발휘할 수 있었던 때였다. 이 시기에 배출해 낸 그의 저작들은 당대뿐 아니라 지금까지도 청교도 사상을 이어받은 개신교도들에게 엄청난 영향력을 끼치고 있다.

80여 권에 달하는 그의 주옥 같은 작품들은 삼위일체론, 성령론, 구원론, 기독론 등등에 걸친 것들로 기독교의 진리를 누구보다 방대하고 체계적으로 저술하고 있다. 20세기 복음주의의 탁월한 지도자 중 한 사람인 제임스 패커(James Packer) 역시 이 확고하고도 타협을 모르던 칼빈주의자에게서 결정적인 영향을 받았다. 20세기 마지막 청교도라 할 수 있는 그는 다음과 같은 말로 오웬에 대한 오마주를 표하고 있다.

나는 원래 칼빈주의자였지만, 오웬의 책들을 통해 더욱 철저한 칼빈주의자가 되었다. 그의 저작들은 다른 어떤 책보다 많은 영향을 주었다. 신학교 교수가 된 친구가 나를 항상 '오웬주의자'라고 부르곤 했다. 그 말이 틀림없다는 것을 부인할 수 없다.

비국교도들의 전통적인 묘지인
번힐 필즈에 있는 오웬의 묘소

승리의 삶은 완전한 쉼의 삶이다. 완전한 평화의 삶이요 권능의 삶이다. 열매 맺는 삶이요 우리 안에 거하시는 그리스도에 의한 삶이다. 따라서 완전한 기쁨의 삶이다.

14

Days of Heaven on Earth

이 세상에서 맛보는
천국의 삶

이 세상에서 맛보는 천국의 삶

승리의 삶은 완전한 쉼의 삶이다. 완전한 평화의 삶이요 권능의 삶이다.
열매 맺는 삶이요 우리 안에 거하시는 그리스도에 의한 삶이다.
따라서 완전한 기쁨의 삶이다.

이제 하나님이 자녀들에게 바라시는 삶은 어떤 것인지를 살펴보기로 하자.

우리를 향한 하나님의 경계

우리가 하나님의 목적-실현 가능한 목적-을 알기 전에 하나님이 이스라엘 백성을 구하신 사건을 통해 주시는 교훈을 알아야 한다. 바울은 이스라엘 백성이 애굽에서 구출되어 약속의 땅에 이른 사건이 거울, 즉 모본이 되고, 우리를 위한 경계로 기록했다고 말했다고전 10:11.

출애굽 사건은 여러 가지 훈계로 가득 차 있다. 하나님은 우리가 하나님의 선민인 이스라엘 백성의 실패와 범죄함을 살펴봄으로써 우리 자신의 불신과 악한 마음을 경계하게 하셨다.

애굽은 세상과 죄의 표상이다. 또 약속의 땅 가나안은 성화(이 세상에서 승리하는 삶)된 삶을 상징한다.

애굽인 노예 감독보다 무자비하고 잔악한 사람은 없었다. 이스라엘 백성은 그러한 애굽의 폭정 아래서 자기 힘으로는 도저히 벗어날 수 없었다. 그들이 자유를 위해 투쟁하면 할수록 노동량은 배가되었다.

마찬가지로 죄인도 자기 힘으로 자기를 구원할 수 없다. 죄에서 벗어나고자 아무리 애를 써도 헛수고일 뿐이다. 구원이란 은혜로 말미암아 얻어지는 것이다.

그러기에 하나님은 피흘림을 통해 구원을 이루셨다. 유월절 양은 그리스도의 예표이다.

"우리의 유월절 양 곧 그리스도께서 희생이 되셨느니라" 고전 5:7.

유월절 양은 죽음을 당해 피 흘린다. 이것은 대속을 의미한다. "저 양이 우리를 위해 죽는구나."라고 유대인들은 생각했을 것이다.

하지만 흘려진 피로는 아무도 구원할 수 없다. 구원을 위해서는 양의 피를 문설주나 인방에 발라야 한다. 다시 말해 각 사람이 대속적 희생을 주장하고 받아들이는 일이 있어야 하는 것이다. 오직 뿌려진 피만이 구원을 이룰 수 있다. "그리스도께서 경건치 않은 자를 위하여 죽으셨도다" 롬 5:6.

자신의 죄로 인해 죽지 않으려면 대신 죽음을 당하신 그리스도를 영접해야 한다.

"영접하는 자 곧 그 이름을 믿는 자들에게는 하나님의 자녀가 되는 권세를 주셨으니" 요 1:12.

그 다음에 홍해를 건넌 기적적인 사건이 나온다.

바울은 이것을 세례에 비유했다. "우리 조상들이……모세에게 속하여 다 구름과 바다에서 세례를 받고" 고전 10:2. 물론 바다의 물과 구름이 이스라엘 백성에게 닿은 것은 아니었으며 요단강을 건널 때까지 완전히 성화되지는 못했다.

홍해를 통해 이스라엘 백성에게 이루어진 것은 무엇인가? 홍해를 건너기 전 그들은 어린 양의 피로 죄사함을 받았다. 그러나 그들은 여전히 적의 땅 가운데 살고 있었다.

그리스도의 죽음의 두 가지 측면

이스라엘 백성은 그들을 다시 노예로 잡아들이려는 애굽인의 추적에 시달렸다.

그러나 홍해를 건넌 후 원수의 지배와 간섭에서 완전히 해방되었다. 그들은 원수들로 인해 고통을 당하거나 싸울 필요가 없었다. 그들의 원수는 시체가 되어 바닷가에 누워 있을 뿐이었다.

이것은 우리에게 어떠한 의미를 던져 주는가? 그리스도의 죽음에는 두 가지 측면이 존재한다는 것을 기억하라.

첫째, 그리스도는 우리의 죄를 대신하여 죽으셨다. 둘째, 그리스도는 대속, 즉 우리를 대신하여 죽으셨다. 그러나 우리 역시 그리스도와 함께 죽어야 한다고 바울은 말했다.

"내가 그리스도와 함께 십자가에 못 박혔나니" 갈 2:20.

"너희도 너희 자신을 죄에 대하여는 죽은 자로……여길지어다." 롬 6:11.

노예 생활을 하던 이스라엘 백성은 어린 양의 피를 문설주에 바름으로써 죽음에서 벗어났다. 그리고 그들은 애굽 군대의 추격을 당한다.

하지만 애굽 군대는 홍해에서 죽음을 당하고 이스라엘 백성은 그들의 손아귀에서 완전히 벗어난다. 애굽은 죄악된 이 세상을 뜻한다. 그리스도는 죄 가운데 있는 우리를 대신하여 죽음을 당함으로써 죄의 형벌로부터 구원하셨다.

그러나 우리가 그리스도를 영접한 후에도 몇 가지 죄, 이를테면 성급함, 교만, 시기, 육욕, 염려, 탐욕 등이 우리를 따라다니며 괴롭히고 좌절과 실망, 때로는 일시적 패배를 안겨 준다.

이러한 죄로부터 벗어나 참 승리를 얻을 수 있는가? 홍해를 건넘, 즉 세례를 통해 우리는 죄에 대하여 죽고 의에 대하여 다시 살 수 있다. 그것이 그리스도와 함께 십자가에 못 박히는 것이다. 그리하여 우리 자신을 죄에 대하여는 죽은 자로 여기게 되는 것이다.

많은 그리스도인이 패배하는 경우

애굽 군대는 해변에서 죽은 시체로 발견되었을 것이다. 혹시 이스라엘인이 그곳에 가보았다면 한때 자기를 학대하던 노예 감독이 누워 있는 것을 발견하고 "저렇게 죽었으니 이제 더 이상 나를 괴롭히지 못하겠군." 하고 말했을 것이다. 함께 간 다른 사람도 "저기 저 사람은 우리 공사 감독이었어. 저 사람도 더 이상 나를 괴롭히지 못할 거야."라고 말했을 것이다.

우리가 그리스도와 함께 죽을 때 죄에 대하여도 죽는다는 것은 사실이다. 죄에 대하여 죽었다 함은 롬 6:11 성급함, 교만, 시기, 육욕, 탐욕에 대하여도 죽은 것을 의미한다. 지금까지 우리를 지배하던 이런 죄들은 마치 애굽의 노예 감독과 같다.

바울은 "죄가 너희에 대하여 죽었노라."고 말하지 않았다는 사실을 주시하라. 이스라엘 백성을 추격하던 애굽 군대는 죽었지만 한 국가로서의 애굽-죄-은 여전히 존재하다.

다시 말해 "나의 개인적 죄는 모두 '죽어 없어진 것'으로 생각할 수 있으나 그것들의 배후 조종자인 죄의 본성은 살아 있다."고 어떤 이는 말한다.

많은 그리스도인이 그리스도를 영접한 이후에도 계속 죄에 빠지는 이유는 바울의 훈계를 유념하지 않은 탓이다.

"너희 지체를 불의의 병기로 죄에게 드리지 말라"고 바울은 말했다. 또한 "오직 너희 자신을 죽은 자 가운데서 다시 산 자같이 하나님께 드리라" 롬 6:13고 덧붙였다. 이것이 바로 그리스도의 죽음이 주님 자신에게 의미한 것이다.

그리스도는 하나님의 뜻에 절대적으로 복종하였다.

"보시옵소서 내가 하나님의 뜻을 행하러 왔나이다" 히 10:9.

"내가 항상 그의 기뻐하시는 일을 행하므로 나를 혼자 두지 아니하셨느니라" 요 8:29.

하나님께 우리의 삶을 무조건 맡길 때에 죄가 우리를 주관하지 못한다롬 6:14.

죄로부터의 구원

유월절은 죄와 형벌로부터의 구원을 상징한다. 또 홍해를 통과한 것은 죄의 권세로부터의 구원을 상징한다. 그러나 광야 생활에서도 이스라엘 백성은 하나님 안에서만, 오직 그분 안에서만 항상 모든 것이 넉넉함을 배워야 했다고후 9:8.

이스라엘 백성은 애굽의 지배에서 벗어난 후 지치고 목마른 상태에서 쓴물이라는 뜻을 가진 마라에 이르렀다. 그러나 그 물에 나뭇가지를 던지니 즉시 단물로 변하였다.

지금도 마찬가지이다. 나무-십자가-즉 십자가를 지신 그리스도는 그냥 두면 쓴 채로 있을 모든 것에서 쓴맛을 사라지게 하신다.

순례자인 이스라엘 백성은 약속의 땅을 향해 계속 전진했다. 쓴물이 나오던 마라에서 단물을 마신 뒤 달고 풍부한 물이 흐르는 엘림으로 향했다. 그리고 반석에서 나오는 기적적인 물이 있는 곳으로 향했다.

"그 반석은 곧 그리스도시라"고전 10:4고 바울은 말했다. 이 물은 복되신 성령의 모형이다.

하나님은 이스라엘 백성에게 마실 것과 먹을 것을 주셨다. 만나는 하늘에서 온 떡이다. 만나를 통해 우리는 그리스도의 십자가에 대해 다시 한번 생각하지 않을 수 없다. 그리스도는 하늘에서 내려온 떡이기 때문이다. 십자가에서 찢기신 주님의 몸은 "하늘에서 내려 세상에게 생명을 주는"요 6:33 하나님의 떡이다.

하나님은 이스라엘 백성을 온전히 인도하시고 먹이셨다. 성령의 모형인 물은 생명을 주지는 못하고 생명을 유지시키기만 한다. '생명의 떡'의 모형인 만나는 생명을 주는 것이 아니라 생명을 유지시키는 역할을 할 뿐이다.

그러나 성령은 우리의 주되시며 생명을 주시는 분이다. 또 예수 그리스도는 우리의 생명을 유지시키실 뿐만 아니라 생명을 주시는 생명의 떡이시다.

이스라엘 백성은 하나님으로부터 많은 특권과 축복을 부여받았음에도 불구하고 광야에서 하나님을 대적하였다. 기억하는가?

하나님은 그들을 애굽에서 기적적으로 구해 내셨고, 기적적으로 인도하셨으며, 기적적으로 질병으로부터 보호하셨다. "그 지파 중에 약한 자가 하나도 없었도다"시 105:37. 그럼에도 불평과 불순종이 있었다. 그들의 삶은 기쁨과 승리로 넘치지 않았다.

삶의 위기

그것이 그들을 위한 하나님의 목적이었다. 그 목적이 완전히 성취될 수 있는 곳은 바로 약속의 땅이었다.

드디어 그들은 가데스바네아에 도착했고 그들 앞엔 약속의 땅이 있었다. 그들 앞에 놓여진 약속의 땅은 우리들 앞에 놓여진 승리하는 삶에 비유될 수 있다.

이 이야기를 읽을 때, 우리는 아마 그들이 눈앞에 펼쳐진 약속의 땅을 향해 기쁜 찬양을 부르며 앞다투어 달려갔을 것이라고 생각할 것이다. 성경을 보면 모세는 사람들을 모두 불러 모아 "우리 하나님 여호와께서 우리에게 주신 아모리 족속의 산지에 너희가 이르렀나니 너희 하나님 여호와께서 이 땅을 너희 앞에 두셨은즉 너희 열조의 하나님 여호와께서 너희에게 이르신 대로 올라가서 얻으라 두려워 말라 주저하지 말라" 신 1:20-21고 말하였다.

하지만 뜻밖의 일이 벌어졌다. 이스라엘 백성이 그 땅에 들어가는 것을 거절한 것이다. "우리가 사람을 우리 앞서 보내어 우리를 위하여 그 땅을 정탐하게 하자"고 그들은 말했다.

모세는 그들의 제안을 받아들였다. 그들은 하나님을 믿을 수 없었던 것이다. 우리는 그 다음에 어떤 일이 벌어졌는지 알고 있다.

정탐꾼들은 신기한 과일들과 이야깃거리를 가지고 왔다.

정탐꾼 가운데 두 사람은 "우리가 곧 올라가서 그 땅을 취하자 능히 이기리라" 민 13:30고 말했다.

그러나 다른 열 명은 "우리는 능히 올라가서 그 백성을 치지 못하리라 그들은 우리보다 강하니라" 민 13:31고 말했다. 그러자 신실한 두 명의 정탐꾼들이 외쳤다.

"여호와께서 우리를 기뻐하시면 우리를 그 땅으로 인도하여 들이시고 그 땅을 우리에게 주시리라……오직 여호와를 거역하지 말라 또 그 땅 백성을 두려워하지 말라 그들은 우리 밥이라 그들의 보호자는 그들에게서 떠났고 여호와는 우리와 함께하시느니라 그들을 두려워 말라" 민 14:8-9.

광야에서 방황하다

이스라엘 백성은 열 사람의 정탐꾼 말에 귀를 기울이고 하나님께 순종하기를 거부했다. 하나님은 그들을 그곳까지 인도하셨지만 약속의 땅에 들어가려 하지 않았다. 그리하여 이십 세가 넘은 사람 가운데 여호수아와 갈렙을 제외하고는 아무도 그 땅을 다시 보지 못하였다.

이 이야기는 무엇을 의미하는가?

이스라엘 백성에게 그 순간은 위기의 순간이었다. 그들 뒤에는 애굽이 있었다. 그곳에서는 그들에게 마늘과 부추와 양파를 주었다. 그러나 속박이 있었다. 반면에 그들 앞엔 젖과 꿀이 흐르고 맛난 과실이 있는 자유의 땅, 약속의 땅이 있었다. 둘 중 어느 것을 선택할 것인가?

다행히도 그들은 애굽으로 돌아가지 않았다. 그렇다고 약속의 땅에 들어간 것도 아니다. 그곳엔 안식과 하나님과의 사귐이 있었다. 결국 그들은 사십 년 동안 광야를 떠돌면서 적의 함정에 빠지기도 하고, 독한 전염병에 걸리기도 했으며, 한낮에 재앙을 만나기도 했다.

우리는 이들을 통해 어떤 교훈을 얻을 수 있는가? 약속된 땅은 곧 승리하는 삶이다. 여러분은 이 책을 읽으면서 승리하는 삶이 빤히 바라보이는 곳까지 이르렀다. 그리고 그곳이 어떤 곳인지 살펴보았다. 우리는 그 안으로 들어갔는가?

이것이 바로 그리스도를 구주로 믿는 모든 자들을 위한 하나님의 뜻이다.

하나님은 우리가 지금 승리하는 삶으로 들어가 그 안에 영원히 거하기를 원하신다. 아마 자범죄로부터 벗어나는 것이 너무 거대해 이겨내기 어려운 것처럼 느껴질지 모른다. 그것들은 "너보다 많고 힘이 있는 족속"신 7:1인 가나안을 차지하고 있는 백성처럼 보인다.

우리는 "올라가서 얻으라 두려워 말라 주저하지 말라"신 1:21는 말씀이 하나님이 우리에게 하시는 명령임을 믿는다. 많은 그리스도인이 승리하는 삶은 불가능하다고 또 도저히 그러한 삶에 이르지 못할 것이라고 말한다.

이것은 마치 "약속의 땅에 들어갈 수 없습니다."라고 외치는 이스라엘 백성의 행동과 같다.

하나님은 우리의 힘으로써가 아니라 하나님의 능력으로 승리하는 삶을 살라고 하신다. "여호와께서 우리를 기뻐하시면 우리를 그 땅으로 인도하여 들이시고." 이 말은 우리가 가진 모든 것과 우리 자신을 전적으로 주께 드리며, 약속하신 것을 이루시는 그리스도의 능력을 믿는 것을 의미한다.

주님은 우리에게 그 안으로 들어가 승리하는 삶을 소유하라고 명하신다. "하나님의 전능하신 능력이 우리에게 주어진 것은 섬김은 물론 우리를 지키기 위해서이다."

광야에서의 삶은 무엇을 의미하는가

많은 그리스도인이 안식과 기쁨이 있는 약속의 땅을 떠나 광야에서 방황하는 듯한 삶을 산다. 광야에서의 삶이 의미하는 것은 다음과 같다.

첫째, 안식이 없는 삶을 뜻한다.

이는 집도 가정도 재물도 없는 삶이다. 그들은 언제든지 장막 위에 구름이 떠오르면 이동해야 했다.

광야 생활은 하나님과 우리에 대한 그분의 섭리적 다루심에 대한 불평 불만을 의미한다. 또한 하나님이 선택하신 지도자와, 자신이 선택한 삶에 대한 불평을 의미한다(광야에서 방황하는 삶은 하나님을 대적하고 그 명령에 불순종하는 것을 의미한다). 광야 생활은 가끔씩 애굽-죄악된 생활-으로 되돌아가고 싶어하며 때로는 되돌아가는 것을 의미한다.

둘째, 열매 없는 생활을 뜻한다.

이스라엘 백성은 광야에서 싸웠지만 그 싸움을 통해 얻은 것은 그들의 진로를 방해받지 않는 것뿐 그 어떤 재물도 획득하지 못했다.

승리하는 삶을 원치 않는 그리스도인의 삶도 이러하다. '무위' 無爲의 연속인 것이다. 춤도 안 추고, 카드 놀이도 하지 않고, 극장에도 가지 않을 뿐더러 담배도 안 피우고 술도 안 마실 것이다.

이렇듯 그리스도인으로서 그의 삶은, 해가 되거나 유익하지 않은 것은 하지 않는 것으로 일관된다. 거기에는 약속의 땅에 있는 과실, 즉 성령의 열매에 해당하는 사랑이나 기쁨이나 평화가 없다. 거기에는 은혜 안에서의 성장이 없다. 있다 해도 섬김의 열매는 거의 없다. 거기서 얻은 그럴 듯한 결과들은 지속되지 않는다.

성령의 열매는 승리하는 삶을 사는 그리스도인들, 즉 자기 안에 있는 그리스도의 소원을 행하는 자만이 맺을 수 있다. 많은 그리스도인이 죄를 짓는 기쁨을 포기했다고 해서 죄 자체를 버린 것은 아니다. 그들이 기쁨이 있는 약속의 땅에 들어가지 않았다는 것은 명백한 사실이다. 이제 그들에게 남은 것은 애통뿐이다.

보다 안타까운 것은 그들이 자기만 약속의 땅에 들어가지 않은 것이 아니라 다른 사람까지 못 들어가게 했다는 사실이다.

다른 사람들마저 못 들어가게 하다

여호수아와 갈렙은 약속의 땅에 들어갈 자격이 있었다. 모세도 마찬가지였다. 그러나 대부분의 사람들이 그 땅에 들어가지 않으려고 했기 때문에 덩달아 들어가지 못했다. 결국 모세마저 그 땅에 들어갈 자격을 상실하게 되었다.

여호수아와 갈렙이 다수의 주장을 뿌리치고 그 땅에 들어갔다면 얼마나 좋을까? 만약 두 사람만이라도 담대히 그 땅에 들어갔다면 하나님은 그들의 믿음을 칭찬하시며 나머지 사람들을 그 앞에서 벌하셨을 것이다. 만일 그렇게만 했다면 적어도 수천 명의 이스라엘 백성이 여호수아와 갈렙을 따라 그 땅에 들어가지 않았을까? 하나님은 능히 이 모든 일을 하실 수 있다.

요나단과 그의 병기를 든 자는 하나님이 정녕 원하시는 것이 무엇인지 잘 깨닫고 있었다삼상 14:6 참조. 사실 하나님은 "나를 막지 말라 내가 그들을 멸하여……너로 그들보다 강대한 나라가 되게 하리라"신 9:14고 말씀하시며, 이스라엘 백성을 약속의 땅으로 인도하는 일을 모세에게만 떠맡기셨다.

기억해야 할 네 가지 사실

하나님은 당신 앞에 약속의 땅, 즉 승리하는 삶을 제시하셨다. 그리스도인으로서 당신은 그 안으로 기꺼이 들어가겠는가? 그렇다면 다음의 네 가지 사실을 명심하라.

첫째, 하나님은 좌절과 불평과 의심이 가득한 광야 생활보다 훨씬 더 좋은 삶을 우리에게 약속하셨다. 하나님은 우리가 알고 짓는 모든 죄를 이기게 하시겠다고 약속하셨다. 아울러 하나님과의 놀라운 교제를 즐기게 하신다.

둘째, 이것은 우리의 노력과 싸움으로 얻어지는 것이 아니라 하나님의 선물이다.

셋째, 우리 그리스도인들은 우리의 죄는 물론 의심, 두려움, 염려, 패배, 연약함 등을 주 예수님이 모두 해결하실 것을 믿고 그분에게 맡겨야 한다. 그리고 믿음으로 그리스도를 통한 승리를 요구해야 한다.

넷째, 그리하면 "나는 이제 믿음으로 승리하는 삶을 취하며 아울러 그에 따른 모든 안식과 즐거움과 결실을 얻노라."고 확신에 차서 말할 수 있다. "만약 너희가 즐거이 따르면 너희는 그 땅의 좋은 것을 먹으리라."

승리하는 삶

아직도 주저하고 있는가? 그렇다면 약속의 땅, 즉 승리하는 삶에 대해 다시 한번 살펴보자.

승리하는 삶(약속의 땅에서의 삶)은 완전한 쉼의 삶이다. 모든 불안은 그리스도를 욕되게 하는 것이다.

"내게로 오라 내가 너희를 쉬게 하리라……나의 멍에를 메고 내게 배우라 그러면 너희 마음이 쉼을 얻으리니" 마 11:28-29.

승리하는 삶은 완전한 평화의 삶이다. 적대나 압제나 상실이나 사별, 혼란 속에서도 평안 외에 다른 것을 경험하는 것은 그리스도와 그분의 말씀을 욕되게 하는 것이다.

"평안을 너희에게 끼치노니 곧 나의 평안을 너희에게 주노라" 요 14:27.

승리하는 삶은 권능의 삶이다. 우리가 그리스도의 권능을 소유하지 못하는 것은 그리스도를 믿지 않기 때문이다. 우리가 하나님을 기다리는 것이 아니라 하나님이 우리를 기다리신다.

"너희가 권능을 받고" 행 1:8 .

승리하는 삶은 열매 맺는 삶이다. 패배하는 삶은 그리스도를 욕되게 하는 것이다.

"내게 능력 주시는 자 안에서 내가 모든 것을 할 수 있느니라" 빌 4:13.

승리하는 삶은 우리 안에 거하시는 그리스도에 의한 삶이다. 따라서 완전한 기쁨의 삶이다.

하나님은 광야에서 불순종하고 반항하며 불평하는 이스라엘 백성을 구름기둥과 불기둥으로 인도하셨다.

드디어 이스라엘 백성이 하나님께 순종하여 약속의 땅에 들어가자마자(승리하는 삶을 시작하자마자) 주 예수 그리스도가 여호수아를 위해 싸우시는 분으로서가 아니라 승리를 거둔 지도자로서 직접 그에게 나타나셨다.

"너희는 우리를 위하느냐 우리의 대적을 위하느냐"고 여호수아가 물었을 때, 주님은 "아니라 나는 여호와의 군대 장관으로 이제 왔느니라" 수 5:13-14고 말씀하셨다.

그분은 이전에는 오실 수 없었다. 이스라엘 백성이 광야에서 방황하는 한 이런 식으로 나타나실 수 없었다.

우리에게도 마찬가지이다. 그리스도는 우리가 광야 생활과 같은 삶을 살지라도 구름기둥처럼 우리를 인도하실 것이다.

그러나 우리가 그분에게 완전히 순종할 때 우리 안에 들어와 거하시면서 우리를 온전히 주관하셔서 우리를 위해 모든 싸움에서 승리하실 것이다. 그분은 여호와의 군대 장관이시기 때문이다.

이러한 삶이 바로 승리하는 삶, 즉 기적이 끊이지 않는 삶이다.

이 책을 정독한 사람들은 모두 약속의 땅 곧 승리하는 삶을 시작하게 될 것이며, 여호와의 군대 장관이신 예수 그리스도의 비전을 보게 될 것이다.

그리고 주님의 기쁨이 그들의 힘이 될 것이다.

성부, 성자, 성령 삼위 하나님이시여!
제 안에 들어와 저를 다스려 주옵소서.
저의 몸과 혼과 영이 주님의 거룩함으로
가득 차게 하옵소서.
주님의 약속을 믿는 믿음으로 구하오니
주님의 크신 일을 이루소서.
또한 죄에 대하여 승리하게 하소서.

승리의 삶을 산 위대한 그리스도인

브라더 로렌스

브라더 로렌스 Brother Lawrence 1611-1691

브라더 로렌스의 본명은 니콜라스 에르망(Nicholas Herman)이다. 1611년 프랑스령 로렌 지방의 신심 깊은 가정에서 태어난 그는 18세 무렵 하나님의 위대하심과 현존하심을 깨닫고 그 충격적이고도 갑작스러운 경험에 깊이 사로잡혔던 것 같다. 청년 시절, 약탈과 잔혹 행위가 비일비재하던 30년 전쟁에 참전했다가 참혹한 포로 생활과 부상을 경험하였고, 천신만고 끝에 귀향하기는 했으나 부상의 후유증으로 평생 다리를 절었다.

비천한 하인 신분으로까지 떨어지며 방황을 거듭하던 그가 속세에서 벗어나 카르멜 수도회 평수사로 들어간 해는 55세가 되던 1666년이었다. 그는 이후로 죽는 순간까지 이름 없이 빛도 없이 살아가는 맨발의 수도사로서 살았다. 수도회에 있는 동안 그는 누구보다도 낮은 자리에 자신을 두었다. 오랜 세월, 취사장에서 요리하며 보내는 삶에 만족하였다. 또한 다리가 불편함에도 신발 수선의 일을 맡아 수도회 형제들을 위해 2백 켤레가 넘는 샌들을 만들고 기웠다.

그의 위대한 점은 그런 지극히 평범한 일상 가운데서 하나님의 임재하심을 느끼고 헌신적으로 섬기는 일에서 궁극의 행복을 찾았다는 것이다. 그는 아무리 하찮은 일이라 해도 수많은 군중 앞에서 말씀을 전하

30년 전쟁 당시의 기병과 보병

는 것처럼 중차대하게 여기고 기꺼운 마음으로 감당하였다.

꼭 큰 일을 해야 할 필요는 없습니다. 나는 프라이팬의 작은 계란 하나라도 하나님을 사랑하는 마음으로 뒤집습니다. 더 할 일이 없으면 바닥에 엎드려 하나님을 경배합니다. 그러고 나면 어느 왕도 부럽지 않은 만족감을 느낍니다. 내가 이렇게 살 수 있는 것은 하나님이 주시는 은혜 때문입니다. 나는 방바닥에서 티끌 하나를 주워 올리는 것만으로도 족합니다.

외견상으로는 보잘것없는 신발 수선공 평수사였지만 그의 하나님의 임재 체험과 그로 비롯되는 평온하면서도 견고한 믿음과 능력은 시간이 흘러갈수록 사람들에게 영향을 끼쳤다. 그에게 어떻게 하면 날마다 그리스도를 체험할 수 있는지 묻는 이들이 늘어갔고, 심지어는 교회 지도자들까지도 조언과 도움을 청하려고 그와 교제하기를 원하게 되었다.

브라더 로렌스는 1691년, 향년 80세로 눈을 감기까지 희생과 사랑과 섬김이 주는 평안과 안락함을 누렸다. 그는 자극적이고 신비한 것보다는 꾸준하고 평범한 것에서 아름다움을 찾는 것이 더 귀한 삶임을 몸소 보여 주었다. 그가 남긴 몇 통의 편지와 회고집은 그가 세상을 떠난 직후에 수집되어 출판된 이래 수많은 반향을 일으켜 왔고 몇 백 년이 흐른 지금까지도 '단순한 삶의 위대함'으로 사람들을 감동시키고 있다.

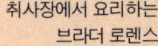

취사장에서 요리하는
브라더 로렌스

생명의말씀사

사 | 명 | 선 | 언 | 문

> 너희가 흠이 없고 순전하여……세상에서 그들 가운데 빛들로
> 나타내며 생명의 말씀을 밝혀 (빌 2:15-16)

1. 생명을 담겠습니다.
만드는 책에 주님 주신 생명을 담겠습니다.
그 책으로 복음을 선포하겠습니다.

2. 말씀을 밝히겠습니다.
생명의 근본은 말씀입니다.
말씀을 밝혀 성도와 교회의 성장을 돕겠습니다.

3. 빛이 되겠습니다.
시대와 영혼의 어두움을 밝혀 주님 앞으로 이끄는
빛이 되는 책을 만들겠습니다.

4. 순전히 행하겠습니다.
책을 만들고 전하는 일과 경영하는 일에 부끄러움이 없는
정직함으로 행하겠습니다.

5. 끝까지 전파하겠습니다.
모든 사람에게, 땅 끝까지, 주님 오시는 그날까지
복음을 전하는 사명을 다하겠습니다.

생명의말씀사 서점안내

광화문점 110-061 종로구 신문로1가 58-1 구세군 회관 2층
TEL. (02) 737-2288 / FAX. (02) 737-4623

강 남 점 137-909 서초구 잠원동 75-19 반포쇼핑타운 3동 2층 전관
TEL. (02) 595-1211 / FAX. (02) 595-3549

구 로 점 152-880 구로구 구로 3동 1123-1 3층
TEL. (02) 858-8744 / FAX. (02) 838-0653

노 원 점 139-200 노원구 상계동 749-4 삼봉빌딩 지하1층
TEL. (02) 938-7979 / FAX. (02) 3391-6169

분 당 점 463-824 경기도 성남시 분당구 서현동 269-5 서원프라자 서현문고 서관 4층
TEL. (031) 707-5566 / FAX. (031) 707-4999

신 촌 점 121-806 마포구 노고산동 107-1 동인빌딩 8층
TEL. (02) 702-1411 / FAX. (02) 702-1131

일 산 점 411-370 경기도 고양시 일산구 주엽동 83번지 레이크타운 지하 1층
TEL. (031) 916-8787 / FAX. (031) 916-8788

의정부점 484-010 경기도 의정부시 금오동 470-4 성산타워 3층
TEL. (031) 845-0600 / FAX. (031) 852-6930

파 주 점 413-012 경기도 파주시 금촌 2동 68번지 송운빌딩 2층
TEL. (031) 943-6465 / FAX. (031) 949-6690

인터넷서점
http://www.lifebook.co.kr